口语表达的多维解析

游现洪　唐　牧　廖明阳◎著

吉林出版集团股份有限公司
全国百佳图书出版单位

图书在版编目（CIP）数据

口语表达的多维解析 / 游现洪，唐牧，廖明阳著 . 长春 : 吉林出版集团股份有限公司，2025.4.--ISBN 978-7-5731-6533-6

I.H193.2

中国国家版本馆 CIP 数据核字第 202560WX22 号

口语表达的多维解析

KOUYU BIAODA DE DUOWEI JIEXI

著　　者　游现洪　唐　牧　廖明阳
责任编辑　宋巧玲
责任校对　赵　萍
封面设计　吴东东
开　　本　710mm × 1000mm　　1/16
字　　数　200 千
印　　张　10.5
版　　次　2025 年 4 月第 1 版
印　　次　2025 年 4 月第 1 次印刷
印　　刷　天津和萱印刷有限公司

出　　版　吉林出版集团股份有限公司
发　　行　吉林出版集团股份有限公司
地　　址　吉林省长春市福祉大路 5788 号
邮　　编　130000
电　　话　0431-81629968
邮　　箱　11915286@qq.com
书　　号　ISBN 978-7-5731-6533-6
定　　价　72.00 元

前言

随着社会经济的快速发展，人们对口语承载的内涵和表达的规范性要求越来越高。普通话作为我国通用语言，已被越来越多的公民熟练使用，其在促进社会交往、增强民族凝聚力方面发挥着越来越重要的作用。普通话作为重要的交际工具，在我国全面建成小康社会，实现中华民族伟大复兴的中国梦，构建人类命运共同体的道路上，发挥着至关重要的作用。如今，人与人之间的沟通与交流日趋频繁，口语表达能力已成为人们日常工作、学习、生活所必须具备的基本素质。

语言是传播文化的工具，而语言本身也蕴含着博大精深的文化。热爱民族共同语、学好普通话、说好普通话是每个公民的义务，用民族共同语传播中华优秀传统文化是我国公民提升文化素养、建立文化自信最有效的方式之一。“一个人的魅力很大程度上体现在这个人的语言表达中”，提升大学生口语表达能力，让大学生掌握口语表达技巧、用得体的语言全方位展示个人的素养，能有力助推大学生各项工作的顺利开展。

说话既是一种艺术，也是一种技巧。既然是技巧，那么就不是人天生就具备的，需要通过后天的训练才能掌握。本书将为学生的口语表达训练提供理论依据，使学生敢说、能说、会说，从而增强学生的自信心，培养学生的口语表达能力和综合素质，为其日后的发展打下坚实的基础。

本书共分为六章：第一章为口语表达艺术简说，主要就现代社会生活与口语表达能力、口语与口语表达艺术、学习口语表达技能的原则和方法展开论述；第二章为口语表达的基本条件，主要围绕口语表达的语音与发声、口语表达的外部技巧、态势语在口语表达中的运用展开论述；第三章为即兴口语的表达技巧，依次介绍了即兴口语的特征、即兴口语与思维训练、即兴口语语流失畅的矫正、即兴口语表达能力提升；第四章为综合口语表达艺术，依次介绍了说话、演讲、辩论、交谈、主持、求职应聘方面的技巧；第五章为口语交际与心理，分为三部分内容，依次是口语交际的心理素质与心理过程、口语表达者必备的心理素质、口语表达中常见的心理障碍及应对方法；第六章为口语表达的个人素养与道德伦理，依次介绍了口语表达的个人素养、口语表达的道德伦理。

本书通过言简意赅的语言、丰富全面的知识以及清晰系统的结构，对口语表达进行了全面且深入的分析与研究，充分体现了科学性、发展性、实用性、针对性。在撰写本书的过程中，作者参考了大量的学术文献，得到了许多专家、学者的帮助，在此表示真诚的感谢。由于作者水平有限，书中难免有疏漏之处，希望广大读者批评指正。

目　录

第一章　口语表达艺术简说

我们经常可以看到，会说话的人在工作、生活中大放异彩。有人在紧张激烈的谈判中，表述严密而周详，回驳机敏而有力，赢得了最后的胜利；有人在严肃的学术答辩中，逻辑论证无懈可击，独到的见解鞭辟入里，而且从容不迫，对答如流，博得了专家、学者的赞许；有人在社交场合谈笑风生，机智幽默，能够轻松自如地应对各种局面；有人在讲台上，面对莘莘学子期待的目光，标准的发音、清晰的吐字、圆润的音色、响亮的声音顿使学生如沐春风；有人在快乐的联欢会上，出口成章，妙语连珠，一句话就引得掌声不断、满堂喝彩……

第一节　现代社会生活与口语表达能力

一、社会交际需要口才

马克思说过："人是社会关系的总和。"[①] 人虽产生于自然，但更依赖于社会。社会发展到今天，社会交际越来越受到人们的重视，而社交能力的高低很大程度取决于口语表达能力的优劣。世界上没有任何一个正常人不需要说话、不需要交流。口语表达的作用已渗透到社会生活的各个领域。西方学术界很早就注意到口才的作用，并加快了在这方面的应用研究。近些年来，从行为科学派生出来的公共关系学、社会交际学等，也进一步揭示了口语表达的特殊功能，引起了人们极大的兴趣。

二、信息社会和"出口成金"

在这个经济发达、竞争激烈的时代，获得信息和交际能力是密不可分的，而口语交流是促进交际、获得信息的最好途径之一，因而口语表达有着突出的作用与价值。随着高新技术人机对话的出现，人们愈来愈迫切地意识到提高口语表达能力的现实意义。随着信息化的发展，口语作为信息的第一载体，正在作为一种"隐形商品"成为一种潜在生产力。汉武帝因一个臣子答语精巧而龙颜大悦，于是给他加官晋爵的故事，道出了一个所谓"出口成金"的新的价值观念：生产管理者通过激励员工，可以提高产量；推销人员如果富于口才，可以使销量陡增。

三、事业成功需要口才

衡量人才也要看口才，这已成为新的人才观的一个重要方面。快节奏、高效率的社会是以较好的口语表达为前提的。通过口语传情达意，远比书面语更快速、更直接。口语交流的现场性、及时性和反馈性可以更好地推动工作和事业的发展，有助于人们在社会中捕捉转瞬即逝的机遇，走向成功。在当今社会，口头表达技巧已经被广泛认为是影响个人生活和事业成就的关键因素。因口语表达不好而失败的人很多，而因口才好而成功的人也很多。有才干而没有口才的人，比起有才

① 马克思，恩格斯．马克思恩格斯选集 [M]. 北京：人民出版社，1972.

干且有口才的人，成功的概率要小一些，因为一个人的才能往往要通过言语谈吐展现和验证。在美国，受过高等教育而缺乏口才被视为一种缺陷。据国际专家的研究，成功的人只有 15% 是因为他的专业知识和能力，而剩下 85% 则依赖于社交技巧。大家也习惯从别人说话的水平和风度来判断他的修养、学识与实力。现代人必须具备的关键技能之一就是高水平的口头表达能力，这也是创新型和开拓型人才所必需的素质。

第二节　口语与口语表达艺术

一、口语及其特点

凭借文字表达思想和感情的语言叫作书面语言，简称书面语；用语音表达思想和感情的语言叫作口头语言，简称口语。口语是人们在社会交际中凭借语音传递信息、交流思想和感情的一种语言形式。

在汉语的日常交流中，口语通常是指那些说出来的话语。例如，当有人问“你怎么不言语了”，实际上是在询问“你怎么不说话了”。说出的话语可以被视为言语作品，而说话这一行为则是人的言语行为的体现。言语作品不是一些简单的词汇组合，它们承载着说话者的意图、情感和思想，是沟通和交流的重要工具。

对于口语，人们可以说是无师自通，它的使用频率非常高，且表意丰富，用起来非常便捷。口语和书面语相比主要呈现出以下几方面的特点：

（一）适用广泛，传播迅速

在人类社会生活中，口语是排在第一位的交流工具。人的一生都在说话，人们通过口说耳听迅速地进行交流，这远比文字更迅速、更具体、针对性更强。尤其在现代社会，口语的使用价值和使用范围在不断扩大。

（二）随口而出，难以更改

口语，特别是对话，突发性强，往往时间紧迫，说者现想现说，来不及仔细考虑，话一出口就像泼出的水，难以收回。因此，人们运用口语时要谨慎，以防信息被曲解。

（三）依附语境，句式独特

口语是面对面的交流，有特定的情景，有很多意思即使没有完整地表达出来，但彼此都可以意会。口语有很强的临场适应性，会根据情况形成多变的省略句和不合乎语法、逻辑顺序颠倒的奇特组合句式。

（四）方式灵活，辅以态势

口语表达通常借助语言的音韵特性，运用语调的变化、语气的把握、语势的强弱、语速的快慢、重音的突出、停顿的划分，以及拟声、叠音、儿化音等多种口语修辞技巧，来精准地传达情感和意图。口语还是使用语言和非语言的复合表达模式，会经常借助手势、表情等态势语。

二、口语表达艺术

可以这样说，在任何特定的时间、地点，说出别人能够领会其意的话就是口语。作为一种能力，口语表达的前提和基础是让人听得懂，但其中又存在着表达水平的高低。优质且高级的口语表达是由基础的口语表达技能发展而来的，是具有创造性的一种说话技巧和说话才能，也被称为口语表达艺术。

口语表达艺术是指表达者在具体的语言环境中善于选择和运用规范化的话语向听者传递信息、表情达意的技巧，而且是一种创造性的语言运用技巧。具体地说，就是“在正式场合中，在准备不足或无准备的情况下，单独说一段完整的话，并且能说得内容正确、条理清楚、妥帖得体，让听者心服口服”[①]。

口语表达艺术是声、意、情三者的和谐统一。

声，指口语表达要做到声音清亮甜美，吐字清晰，字正腔圆，流利顺畅；语调要有起伏变化，强弱不一；语速要快慢变换，富有节奏感。

意，指表达能够言简意赅、言近旨远、饱含哲理。

情，指表达的话语中应饱含真情，能感染听者。

口语表达艺术还包括表达者富有独创性的说话风格、巧妙的言语策略、敏锐的言语应变能力、丰富的言语表现以及对语言关系的不断追求。

口语表达艺术的风格大致有以下几种：

第一，平易流畅，简练鲜明。这种风格的表达言简意赅，语势顺畅，话语干

① 肖蕾.语言学视域下主持人无稿播音策略探析 [J]. 戏剧之家，2021（14）：164–165.

净利落。

第二，自然朴素，言近旨远。所表达的话无任何雕饰，如话家常，但其中包含了丰富的知识和哲理思辨，具有一种言语的朴素美和纯真美。

第三，生动形象，娓娓动听。巧于口语修辞，善用描述语句阐发抽象道理。

第四，庄严典雅，蕴藉含蓄。说话时神态庄重，不苟言笑，具有一定的威严与感召力，话不讲透，多以含蓄的语句表达。

第五，诙谐幽默，妙语连珠。说话时喜欢用一些诙谐幽默的词语或夸张的动作，能有效带动其他人的情绪。

第六，情感激烈，话语深沉。说话时易动情，言语中饱含激情，语调铿锵，一句一顿，多用感叹式的语句和语气，有时又话语绵柔，温情脉脉，沁人心脾。

三、口语表达艺术的基本原则

没有规则，则难以形成秩序与规范，做任何事情均须遵循既定的规则。有人曾将诗歌创作比作在限制条件下进行的舞蹈，即诗歌创作要在自身的规律（涵盖格律等因素）所允许的范围之内发挥创造性。规律是客观存在的。社会生活要求人们遵守规律，而人们也要求自己遵守规律。“想要培养良好的口才，需要遵循一定的原则。”[①] 说话也是有规律可循的，说话时必须遵循反映说话规律的基本原则，才能取得理想的效果。

（一）目的性原则

1. 要有明确的交际目的

在日常的人际交往中，失言是在所难免的。失言的原因有很多，但根本原因是缺乏清醒的目的意识。

人类的活动普遍具有一定的目的性，言语交际活动同样如此。交际的基本单位不是句子，而是完成某一言语信息传输的一定类型的行为，如道歉、祝贺、致谢、命令、请求、提问、肯定等，要把研究的注意力放在言语行为的意图以及想达到的效果上面。而如何把自己的意图传递出去就要依赖信息的传递。口语表达的目的可以概括为信息传递、思想交流、情感交流。

信息传递是指表达者通过言语传达信息，而听众则通过语言接收这些信息。

① 贾梦希．简论课堂内外对学生口语交际能力的培养 [J]. 开封文化艺术职业学院学报，2020，40（12）：201-202，211.

在这个过程中，口头交流就是语言信息的交流过程。这类交流主要体现在产品介绍、展览解说、现场报道、学术报告以及课堂教学之中。当今社会信息量猛增，人们追求高效率、快节奏地传递和获取最佳信息，而口头表达正是最便利、最快捷的工具之一。

言语表达必须服从交际的目的。不论是口头表达还是书面表述，使用的语言形式都应符合其目标。如果话语与实际情况相悖，就会变得毫无意义，甚至可能适得其反。“明确交际的目的就是要弄清‘说什么’和‘怎么说’，然后紧紧围绕讲话的目的和谈话的中心来做‘我口表我心’的语言表达。”[①]人们在发表言论时偶尔偏离主题，难以切中要害。例如，某位新郎在其婚礼庆典之际，司仪邀请其致辞，他表述道：“我们衷心感激各位嘉宾拨冗出席我们的婚礼，这对我们而言是莫大的鼓舞、鞭策与关怀。鉴于我们二人均为首次步入婚姻殿堂，缺乏相关经验，故恳请各位在今后的日子里，给予我们更多的帮助、支持与指导。今日若有招待不周之处，敬请各位不吝赐教，提出宝贵意见，以便我们日后加以改进。”此番言辞表面看似礼貌周全，实则并未达到预期的效果。

口头表达的一个重要功能就是思想交流。人们可以通过这种方式获取知识，进而提升思维层次，拓宽视野，并且达到新的境界。古语云：“听君一席话，胜读十年书。”可见，书本知识的学习代替不了口语交际。就一个问题同别人交换看法，可以互相补充，互相纠正，共同提高。有一句著名的话语出自萧伯纳：“当你是我的朋友时，如果我们将各自的苹果互换一下，最终还是每人拥有自己的苹果。然而，如果你和我都有某种观点，并且我们可以分享彼此的想法，那我们每个人就有两种思想了。”思想的交流可以使人们的认识更加深刻，有利于人们不断获取真知灼见。

这类言语通常是基于社会互动的需要，可能是为了接近别人，也可能是在寻求对话或沟通，或者是展示自己的身份，又或许是为了获得他人的喜爱。主持人的演讲、自我介绍、发问、探访、问候等皆属此类情况。有时候也是为了获取理解和信赖，像聊天、回忆往事、闲聊家庭琐事、恋爱等，这些都旨在分享想法和情感，加深彼此的关系，增强日常联系。

此外，口语表达通常被用来激发人们的情绪，目的是强化他们的信念、增强他们对未来的期望。它可能需要听众做出实际的响应，例如课堂、商业推广会、

① 迟茜．浅析广播电视主持人即兴口语表达能力的提升 [J]. 新闻研究导刊，2021，12（1）：120–121.

会议、面试等场合下的发言，包括在入职演讲、各类集会、毕业典礼及各种纪念仪式与庆功活动中发表的言论，这些都以激励人为主要目标。

此类言语也被用于劝导或说服他人。例如提出改革建议、竞选演讲、法庭辩护、谈判、辩论、批评等，主要是为了让对方的某种观念或信仰发生变化，从而阻止对方实施某种行动。

口头表达的另一个功能就是情感交流。这种方式能够通过言语传递，让人们的情绪得以释放，从而使人们的精神得到满足。“人类生活的要素有两个方面，一是物质生活的满足，如衣、食、住、行、乐的满足；二是精神生活的充实，如思想、意念、情感的自然流露等。”①丰富的精神生活同充裕的物质生活一样重要。在人际交往或社会活动中，情感传递的主要方式就是口语表达，通常在交谈过程中，通过相互了解，“点头朋友”会转变为“知心朋友”。因此，口语表达在情感沟通的过程中起着十分重要的作用。通过口语表达，人们可以倾诉自己的忧愁与快乐。“如果你把快乐告诉一个朋友，你将得到两个快乐，而如果你把忧愁向一个朋友倾吐，你将被分掉一半忧愁。”培根的这句名言充分说明了交谈具有情感交流的重要作用。

口语表达的根本目的在于使听众感知和理解讲话者所表达的思想内容，实现其社会交际的作用。说话是一种有意识的言语交际活动，要想取得良好的口语表达效果，要时时牢记交际的根本目的。

只有在确定了发言的目标后，才能明白应该选择哪些主题和信息，使用何种表达方式，采取何种策略，从而有针对性地进行讲解并适时调整。如果没有明确的目标，无法准确把握场合，就可能会胡乱说话，让人感到困惑。

因此，每次说话之前，需要想一想可能产生的效果，并努力实现预期的效果目标。

2. 交际目的的实现有赖于言语调控

交际目的的实现有赖于言语行为的自我调控。人类的言语交际是一个相当复杂的过程，当表达的一方按照预期的目的发出话语信息，如因措辞不当或对交际对象缺乏了解而引起对方的误解或反感时，就得加以控制、调节，换种说法，使对方易于理解，乐于接受；“有时交谈的开始阶段是按照原定目的进行的，可是说到中途，由于某些原因偏离了原定话题，且偏离了原目的，这时候同样需要控制、

① 郭琳．高校语言应用类通识课程教学创新与研究：以语言交际艺术课程为例 [J]. 大学教育，2020（12）：123–125.

调节言语行为，以便回到原定话题上来”[①]。这是言语交际中贯彻目的性原则和最优化原则的控制手段。

为达到一定的交际目的，除了言语调控之外，常见的方式还有言随旨遣、投其所好、将计就计、委婉含蓄等。总之，人们在运用话语进行交际时，需要想尽一切办法，采取一切有效手段，来控制自己的言语行为，并组织相应的言语形式来表达自己的思想，以达到预期的交际目的。

（二）适应性原则

说话总是要在具体环境中进行，作为说话者，不可避免地要受到所在环境的各种条件的制约和影响。因此，口才的施展必须遵循反映说话规律的基本原则。

语言的表达离不开语言表达的环境。语言表达的适应性原则就是要求语言运用与所处的特定环境相契合、相适应。只有语言运用和环境相适应时，才能获得良好的交际效果。否则，即使话语的表达再完美，也难以达到预期的目标。口语表达的适应性问题相当复杂，最重要的是说话者在遵循适应性原则的基础上，根据特定语境随机应变、灵活应对。

（三）规范原则

口语表达技法的运用必须注意规范，就是说表达者必须遵循本民族乃至人类共同的语音规范、逻辑规范以及在声调、态势等方面的审美规范。但就语言而言，民族语言是全民族共同创造的、约定俗成的，有一系列先于现时个体存在的语言规范和运用法则，只有人们共同遵守它们，方能互相交流思想。

语言规范涉及语音、词汇、语法、修辞等很多方面。普通话是“以北京语音为标准音，以北方话为基础方言，以典型的现代白话文著作为语法规范”的通用语。符合普通话的要求，就是严格遵守现代汉语的语音运用规则和词汇、语法的规则。运用汉语进行口语表达有很大的灵活性，但语言简洁、遵循规范是听众理解话语的基础，也是提高信息传播效率的保证。只有在此基础上，才能实现语言的创造性运用。

口语表达要通俗易懂，只有规范化的语言才能为更多的人接受。

就语音规范来说，说话者应以标准普通话作为口语语言。同时，必须重视语音的规范和准确，做到吐字“字正腔圆”。浅说，要语音纯正，吐字清晰；深讲，

① 江结宝．言语交际论稿 [M]. 北京：线装书局，2007.

要声音洪亮、圆润。吐字归音力求做到：字头摆得准，字腹响度大，字尾收到家，并注意声调准确，四声的调值到位。

日常口语表达的规范有两个突出特点：一是话题和谈资的广泛性。在口语表达中会大量使用口语词、熟语乃至方言俚语和行业用语，并普遍使用具有表情性的词语和句式，如感叹词、语气词、拟声词、感叹句、疑问句等。二是对语用环境的依赖性。受话题内容、交际对象以及说话者的神情、动作、姿态等因素的影响，交谈双方需要理解话题的潜在信息，由此造成省略句多，短句多，句中穿插、停顿多等问题。日常口语活动应当熟悉并遵循这些规范。

总之，口语表达只有做到了规范化，才能使说者便于上口、听者易于入耳，从而更好地达到说话目的。

（四）真诚性原则

“真”就是不言辞虚浮、不矫揉造作，能够保持说话人的本色，使人听了感到亲切自然，且乐于接受。“诚”的本义是信，指言谈处事真实无妄或诚实无欺。

“修辞立诚”要求我们的言语表达建立在诚信的基础之上。在口语表达活动中，只有坦诚相待、讲真话、说实话，才能赢得信任、获得支持。如果在口语表达中虚与委蛇、弄假成真，那么，口语表达的根本就丧失了，哪里还能谈得上用自己的言语建设社会文明、推动社会前进呢？真诚的言语表达才能产生打动人心、征服听众的效果。

1. 信息传达真实、准确、可靠

诗人白居易说得好：“功成理定何神速，速在推心置人腹。”这里的推心置腹就是指话语真诚。

语言是人际沟通不可或缺的重要媒介。说者心理上、态度上的真诚，表现在语言上，就可能使人感受到其具有可以信赖的品质。有无这种品质，对于语言交际的效果来说往往有天壤之别。

真诚性原则就是要求说者传达的信息是真实、准确、可靠的，即如实向听者传递真实而准确的信息，尊重而不是掩盖或否认事实，如实地反映而不是歪曲或夸大事实。“说实话”“如实相告”，也就是反映社会生活的真实性。列宁曾说过：“吹牛撒谎是道义上的灭亡，它势必引向政治上的灭亡。”“决不要撒谎！我们的力量在于说真话！”这说明实事求是地反映客观实际，才具有说服力。“精诚所至，金石为开”，只有真诚的语言才能打动听众，从而广泛赢得信任和支持。

真诚性原则不仅在内容上要求信息传递的真实，还要求在语言表达形式上表现出来，即真诚地对待说话对象。

2. 把握分寸，态度坦诚

一般说来，在人际交往中能主动坦陈自己看法的人，更容易与人建立较好的人际关系。而那些总是把自己的心灵裹上厚厚包装的人，则经常被人们认为是“城府太深”，不愿与此类人建立亲密的人际关系。

在口语表达中，需要把握好遣词用语的分寸，但不要过分，防止使语意走向极端。例如适度的赞美可使对方产生愉悦的情感，但过分了，只会适得其反。

在表达自己观点的时候，态度务必诚恳。在人际交往的过程中，倘若对对方的每一句话都盲目附和，不表达任何否定意见，只是随波逐流，不阐述个人的真实看法，这种行为就会被视为缺乏主见且圆滑世故。在日常生活中，只要我们能够有理有据、恰如其分地表达自身不同的观点，不仅不会招致他人的不满，反而能够促进双方的沟通与理解。

在日常生活中，人们也总是喜欢坦诚的言论，有时公开不利于自我的事情，反而会赢得对方的好感和信任，从而实现人际关系的融洽。

当然，坦诚相待并不是将一切公开。人际交往的距离决定了自我公开的程度。例如，与初次见面的人过分表露心声，反而可能会引起对方的讨厌。把公开自我变成吹嘘自我，更是走向了坦诚相待的反面。

第三节　学习口语表达技能的原则和方法

当今世界，各行各业人才辈出。越来越多的人掌握了各种专业知识和技能，但并非人人伶牙俐齿。在不同场合、不同时间把话说得恰如其分，并达到自己预期的效果，谈何容易。因此，我们要自觉培养和训练自己的口语表达能力，掌握口语表达的艺术。

一、学习训练的原则

第一，高水平的口语表达能力，说到底是一种集思辨能力及善辩能力于一体的综合能力，即其“不只是嘴上的功夫，还是一个人德、才、学、识整体素质的综合展示”[①]。言谈话语能够表现一个人的睿智和高雅，也能够暴露一个人的低俗和愚蠢。因此，要培养良好的口语表达能力，必须重视文化素质的提高，不断吸收知识，丰富自己。充实的内容和娴熟的表达融为一体，才能形成口语表达技能。我们应该将口语表达的技能学习作为提高自己修养、情操和才学的过程。

第二，口语表达与心理素质、思维素质、感受素质密切相关。因此，不仅要培养口头表达能力，还要培养自己的观察能力、思维能力及心理适应能力。要战胜自卑和胆怯，克服“社交恐惧症”。

二、学习训练的方法

想要掌握口语表达运用的规律及其精妙之处，必须在正确的理论指导下，自觉、主动地进行科学、系统、严格的训练。

（一）由易到难，分进合击

先把口语表达的基本技能分解并进行定向练习，然后有选择地组合为基本表达方式，进行有侧重的综合练习，再渗透进各种专业口才的技能因素，进行分类练习。

（二）理论联系实际，加强实践

练习不能纸上谈兵，需要在吃透理论、掌握要领的基础上注重“说”的练习。

（三）以独立训练为主，互练、合练结合

口语表达具有随机性和渗透性的特点，学习不能单纯依赖教师的讲授，而应适时地在学习、生活、工作中自觉练习，还可以在一个集体中互练、合练，能够与他人互相促进，取得较大的进步。

（四）设定目标，定期检测

在口语表达的训练中，要设定学习和训练的目标。“目标”指在学习和训练结束阶段所表现出来的行为水准，它指出了学习的方向并贯穿于学习和训练的始终。定期的自我检测和朋友、教师的检测十分重要，只有这样一步一步地发现问题、解决问题，口语表达技能才会日臻完善。

---

① 洪炜，申昭贞．读后续听任务在汉语二语词汇学习中的有效性研究 [J]. 汉语学习，2021（2）：84–93.

第二章　口语表达的基本条件

口语表达不仅仅是一种简单的语言交流方式，更是一种重要的社会实践活动。无论是进行一场激情澎湃的演讲，还是与朋友进行轻松愉快的交谈，或是参与一场激烈的论辩，甚至是进行一次深入的采访、一场紧张的谈判、一次闲适的聊天或一堂富有启发性的授课，所有这些活动都是为了实现某种特定的目的而展开的。学习口语表达，需要我们从发声的基本理论入手，逐步理解其背后的科学原理。

第一节　口语表达的语音与发声

一、普通话语音发声概述

语音是人类发音器官所产生的，用以表达特定意义的声音。语音作为交际工具，是声音和意义的统一体。意义是语言的内容，声音是语言的物质形式。人们进行交际，传达信息，大致要经过这样一个过程：说话人选择一定的词语，按照一定的语法规则组成一句句的话，通过自己发音器官的活动，发出这些词语的声音，借助空气媒介，传到听话人的耳朵里。听话人听到这些声音，即刻转换为语言，从而理解说话者的意思。

音节也称音缀，是由一个或几个音素组成的语音单位。就一般情况来说，一个汉字的读音就是一个音节。“我们要努力学习”，这是 7 个汉字，也就是 7 个音节。普通话的基本音节约有 400 个。

儿化词是两个汉字读作一个音节，如“花儿”读作“huār”，算一个音节。音素是根据语音的自然属性划分出来的最小的语音单位。一个音节，在人们的听觉中是一个整体的声音，但有的还可以再加分析。例如，“努力”是两个音节，假如我们把每个音节都念慢一些，拉长一点儿，就会明显地感觉到舌头的位置在变动，开头的发音与收尾的发音不一样。“努”含有 n 和 u 两个音，“力”含有 l 和 i 两个音，n、u、l、i 就不能再往小处分析了。这种从音节中分析出来的最小的语音单位就是音素。汉语的音节最多由 4 个音素构成。

元音又称“母音”，是声带振动、气流通过口腔不受阻碍而发出的声音。元音只受不同形状的口腔共鸣器的影响，声音响亮，如 ɑ、o、e、i、u、ü。

辅音又称“子音”，是气流在口腔受到阻碍而发出的声音。辅音一般不响亮，如 b、p、f。

声母是音节开头的辅音，如“发（fā）”，f 是声母。如果一个音节开头没有辅音，如“啊（ā）”，那么它就是零声母。

声母后面的部分就是韵母，如“发（fā）”，ɑ 是韵母。韵母有单韵母，也有复韵母。

声调，指音调或字调。在现代汉语语音学中，声调是指汉语音节中所固有的，可以区别意义的声音的高低。声调的高低通常用五度标记法表示：立一竖标，中分五度，最低为一，最高为五。普通话有 4 个声调：阴平、阳平、上声、去声。

声母、韵母和元音、辅音是从不同的角度来分析音节得出的术语。声母、韵母是传统音韵学分析汉语音节结构时用的术语，而元音和辅音则是语音学分析音素性质时用的术语，二者既有联系，又有区别。普通话的声母都是由辅音充当的，但不是所有的辅音都能充当声母。普通话语音系统中有 22 个辅音，其中 21 个可以做声母，只有 ng 不能做声母，只能做韵母的组成部分；n 除做声母外，还可以做韵母的组成部分。韵母主要由元音充当，但韵母不都是元音，也有元音加鼻辅音 n、ng 构成的韵母。声母、韵母、声调是汉语音节不可缺少的组成部分，汉语有 21 个声母（不包括零声母）、39 个韵母、4 个声调。

二、声母与韵母

（一）声母

声母是指音节开头的辅音，如“shǒu wǔ zú dǎo（手舞足蹈）”，这 4 个音节开头的辅音 sh、w、z、d 就是声母。如果一个音节开头没有辅音，如“ɑ（啊）”，那么它就没有声母，称为零声母。汉语有 21 个声母（表 2-1-1）。

表 2-1-1　声母发音部位表

类别	发音部位	声母
双唇阻	上唇与下唇中部形成阻碍	b、p、m
唇齿阻	上齿与下唇内侧形成阻碍	f
舌尖前阻	舌尖与上齿背形成阻碍	z、c、s
舌尖中阻	舌尖与上齿龈形成阻碍	d、t、n、l
舌尖后阻	舌尖与硬腭前端形成阻碍	zh、ch、sh、r
舌面阻	舌面中前部与硬腭形成阻碍	j、q、x
舌根阻	舌面后部与硬腭和软腭交界处形成阻碍	g、k、h

1. *声母和辅音*

汉语音系中有 21 个声母，除零声母外都是辅音，但是辅音不一定都是声母。声母和辅音是两个不同的概念。辅音是从音素的性质上划分的，与元音相对；声母是针对辅音在音节中的位置而言的，与韵母相对。汉语中共有 22 个辅音：b、 p、m、f、d、t、n、l、g、k、h、j、q、x、zh、ch、sh、r、z、c、s、ng。其中，n既可以做声母，又可以做韵尾；舌根鼻辅音ng只做韵尾，不做声母。所以只有21个辅音可以充当声母。辅音充当的声母叫作辅音声母，简称声母。一般来说，汉语的声母由辅音充当，所以分析汉语语音的声母，实际上就是分析汉语音系中21个辅音的发音特点。

2. 声母的发音特点

声母发音的共同特点是气流在一定部位受到阻碍，通过某种方式克服阻碍而发出音来。因此，声母发音的过程就是气流受到阻碍和克服阻碍的过程。

“气流受阻的部位即发音器官构成阻碍的部位，就是发音部位。在汉语声母的发音中，有7个地方可以阻碍发音时气流的通过。”①

发音时构成和克服阻碍气流的方式，就是发音方法（表2-1-2）。同时，各种发音方法都要经过“成阻—持阻—除阻”这三个过程。

表2-1-2　汉语声母发音部位、发音方法

发音方法 / 发音部位	塞音（清音）		塞擦音（清音）		擦音		鼻音	边音
	不送气	送气	不送气	送气	清音	浊音	浊音	浊音
双唇阻	b	p					m	
唇齿阻					f			
舌尖前阻			z	c	s			
舌尖中阻	d	t					n	l
舌尖后阻			zh	ch	sh	r		
舌面阻			j	q	x			
舌根阻	g	k			h			

（1）看成阻和除阻的方式

①塞音

成阻：发音部位闭塞鼻腔通路；持阻：发音器官紧张，气流受阻；除阻：气流冲破阻碍，爆发成声。共有6个塞音：b、p、d、t、g、k。

① 余宣蓉．高校普通话口语教学现状及对策研究[J]．教育现代化，2020，7（54）：94-97.

②擦音

成阻：发音部位接近，留下窄缝；持阻：发音器官紧张，气流从窄缝中挤出，摩擦成声；除阻：发音器官两部分完全离开，恢复原状。共有 6 个擦音：f、h、x、sh、r、s。

③塞擦音

成阻：与塞音相同；持阻：塞音变擦音；除阻：与擦音相同。共有 6 个塞擦音：z、zh、c、ch、j、q。

④鼻音

成阻：口腔中的发音部位完全闭塞，软腭下垂，鼻腔通路开放；持阻：发音器官紧张，带音的气流从鼻腔通过，产生共鸣；除阻：发音器官两部分离开，恢复原状。共有 2 个鼻音声母：m、n。

⑤边音

成阻：发音器官的两部分接触，软腭上升，鼻腔通路关闭；持阻：发音器官紧张，带音的气流从舌头旁边的间隙流出；除阻：发音器官两部分离开，恢复原状。汉语中只有 1 个边音声母，即 l。

（2）看声带是否颤动

根据声带是否颤动，可以把声母分为两类。

清音：发音时声带不颤动。汉语中共有 17 个清声母：b、p、f、d、t、g、k、h、j、q、x、zh、ch、sh、z、c、s。

浊音：发音时声带颤动。汉语中共有 4 个浊声母：m、n、l、r。

（3）看气流的缓急

根据气流的强弱，可以把声母中的塞音和塞擦音分为两类。

送气音：发音时气流强，共有 6 个送气音，即 p、t、k、c、ch、q。

不送气音：发音时气流弱，共有 6 个不送气音，即 b、d、g、z、zh、j。

（二）韵母

韵母指音节中声母后面的部分，如“zhōng huá wěi dà（中华伟大）”，这 4 个音节中的 ong、ua、uei、a 就是韵母。零声母音节整个由韵母构成，如“uei”。汉语中有 39 个韵母。

1. 韵母和元音

汉语的韵母主要由元音音素构成，但需明确的是，韵母与元音是两个截然不同的概念。具体而言，韵母是与声母相对而言的，而元音则是与辅音相对而言的。

汉语中共有10个元音，即a、o、e、ê、i、u、ü、-i（前）、-i（后）、er。它们都能单独构成单韵母。两个或三个元音复合可以构成复韵母，即ai、ei、ao、ou、ia、ie、uo、ua、üe、iao、iou、uai、uei，共13个。元音加上鼻辅音n或ng可以构成鼻韵母，即an、en、ian、in、uan、uen、üan、ün、ang、eng、ong、iang、ing、iong、uang、ueng，共16个。“元音的范围小于韵母。”①

韵母是汉语音节必不可少的组成部分。汉语一个音节可以没有声母（零声母音节），但不能没有韵母。韵母中的元音清晰响亮，使整个音节丰满有力，悦耳动听。

2. 韵母的构成和分类

韵母一般是由韵头、韵腹、韵尾三部分构成。

韵母中声音最响亮的部分是韵腹（主要元音），它前面的是韵头，后面的是韵尾。如iao、uan，分别由韵头、韵腹、韵尾组成。但有的韵母没有韵头，只有韵腹和韵尾，如an、ou。有的韵母没有韵尾，只有韵头和韵腹，如ia、ua。如果韵母只有一个元音音素，那么它就只能是韵腹。所以一个韵母中韵腹是不可缺少的成分。

汉语韵母中的韵头只有i、u、ü三个元音。“韵尾只有i、u（包括ao、iao中的o）两个元音和n、ng两个鼻辅音，共四个。”②

3. 韵母的发音

（1）单韵母

单韵母就是一个单元音构成的韵母，共10个。声带震颤产生声波，声波经过口腔时受到口腔形状变化的影响，形成不同的元音（图2-1-1）。

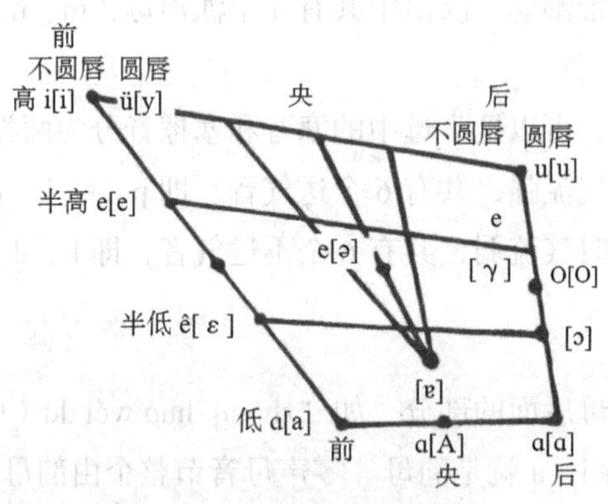

图2-1-1 元音舌位示意图

① 倪兰.民族地区普通话在线教学的实践与探索[N].语言文字报，2021-03-17（2）.

② 许建浩.基于普通话水平测试的职业院校普通话教学刍论[J].成才之路，2021（7）：80-81.

单韵母发音时应注意以下三点：

①舌位的前、央、后

舌位的前、央、后指的是发音过程中舌头隆起部位（即舌高点）在口腔中的前后位置。具体而言，“前”指的是舌高点位于舌面前部，与硬腭前部相对；“央”则是指舌高点处于舌面中部，与硬腭中部相对；“后”则表示舌高点在舌面后部，与软腭相对。

②舌位的高、半高、半低、低

舌位的高、半高、半低、低是针对发音时舌头隆起部分的最高点与上腭距离的远近而言的。另外，舌位的降低或抬高同口腔的开合有关，舌位越高，口的开度越小，舌位越低，口的开度越大。

③唇形的圆展

唇形的圆展是指发音过程中唇部的形态，具体而言，10 个元音可区分为两种唇部形态：一种是唇部呈圆形的，即圆唇元音；另一种则是唇部不呈圆形的，即不圆唇元音。

单韵母在发音过程中，其舌位、唇形及开口度均应严格遵循发音要求，保持恒定不变，不具备动态特征。

（2）复韵母

复韵母的发音特点如下：

第一，在发音过程中，舌位、唇形以及开口度均呈现变化，具有显著的动态过程。

第二，发音时不是两个或三个元音的简单相加，而是由一个元音的发音状态（主要是舌位与唇形）快速向另一个元音的发音状态过渡。这个过渡是一个滑动的过程，中间有许多过渡音。

第三，发音时唇形、舌位的变化要自然连贯、形成整体、口形灵活。

第四，复韵母的韵腹在发音过程中，会受到前后音素的共同影响，因此在发音时，应避免单纯依赖单韵母的舌位与唇形来发音（表 2-1-3）。

表 2-1-3　汉语拼音声母韵母拼读

（声母 + 单韵母）							（声母 + 介音 + 韵母）										
	a	o	e	i	u	ü	ia	iao	ian	iang	iong	ua	uo	uai	uan	uang	üan
b	ba	bo		bi	bu			biao	bian								
p	pa	po		pi	pu			piao	pian								
m	ma	mo	me	mi	mu			miao	mian								

续表

（声母＋单韵母）							（声母＋介音＋韵母）										
f	fa	fo			fu												
d	da		de	di	du		dia	diao	dian				duo		duan		
t	ta		te	ti	tu			tiao	tian				tuo		tuan		
n	na		ne	ni	nu	nü		niao	nian	niang			nuo		nuan		
l	la	lo	le	li	lu	lü	lia	liao	lian	liang			luo		luan		
g	ga		ge		gu							gua	guo	guai	guan	guang	
k	ka		ke		ku							kua	kuo	kuai	kuan	kuang	
h	ha		he		hu							hua	huo	huai	huan	huang	
j				ji		ju	jia	jiao	jian	jiang	jiong						juan
q				qi		qu	qia	qiao	qian	qiang	qiong						quan
x				xi		xu	xia	xiao	xian	xiang	xiong						xuan
zh	zha		zhe	zhi	zhu							zhua	zhuo	zhuai	zhuan	zhuang	
ch	cha		che	chi	chu							chua	chuo	chuai	chuan	chuang	
sh	sha		she	shi	shu							shua	shuo	shuai	shuan	shuang	
r	ra		re	ri	ru							rua	ruo		ruan		
z	za		ze	zi	zu								zuo		zuan		
c	ca		ce	ci	cu								cuo		cuan		
s	sa		se	si	su								suo		suan		
y	ya	yo	ye	yi		yu											yuan
w	wa	wo			wu												

（声母＋复韵母）										（声母＋鼻韵母）								
	ai	ei	ui	ao	ou	iu	ie	üe	er	an	en	in	un	ün	ang	eng	ing	ong
b	bai	bei		bao			bie			ban	ben	bin			bang	beng	bing	
p	pai	pei		pao	pou		pie			pan	pen	pin			pang	peng	ping	
m	mai	mei		mao	mou	miu	mie			man	men	min			mang	meng	ming	
f		fei			fou					fan	fen				fang	feng		
d	dai	dei	dui	dao	dou	diu	die			dan	den		dun		dang	deng	ding	dong
t	tai	tei	tui	tao	tou		tie			tan			tun		tang	teng	ting	tong
n	nai	nei		nao	nou	niu	nie			nan	nen	nin	nun		nang	neng	ning	nong
l	lai	lei		lao	lou	liu	lie			lan		lin	lun		lang	leng	ling	long
g	gai	gei	gui	gao	gou					gan	gen		gun		gang	geng		gong
k	kai	kei	kui	kao	kou					kan	ken		kun		kang	keng		kong
h	hai	hei	hui	hao	hou					han	hen		hun		hang	heng		hong
j						jiu	jie	jue				jin		jun			jing	
q						qiu	qie	que				qin		qun			qing	
x						xiu	xie	xue				xin		xun			xing	
zh	zhai	zhei	zhui	zhao	zhou					zhan	zhen		zhun		zhang	zheng		zhong
ch	chai		chui	chao	chou					chan	chen		chun		chang	cheng		chong
sh	shai	shei	shui	shao	shou					shan	shen		shun		shang	sheng		

续表

（声母+复韵母）										（声母+鼻韵母）								
r			rui	rao	rou					ran	ren		run		rang	reng		rong
z	zai	zei	zui	zao	zou					zan	zen		zun		zang	zeng		zong
c	cai	cei	cui	cao	cou					can	cen		cun		cang	ceng		cong
s	sai		sui	sao	sou					san	sen		sun		sang	seng		song
y				yao	you			yue		yan		yin		yun	yang		ying	yong
w	wai	wei								wan	wen				wang	weng		

注：y、w 不是声母，是隔音字母，为方便读者理解，在此列出。

三、声调与语流音变

（一）声调

1. 声调的性质和特点

音节中具有区别意义作用的音高的高低升降变化叫声调，也叫字调。声调不同，意义不同。

声调主要决定于音高（和音长也有密切关系），同一个人的不同的音高变化是由控制声带的松紧决定的。发音时，声带越紧，在一定时间内振动的次数越多，音高越高；声带越松，在一定时间内振动的次数越少，音高越低。在发音时，声带可以随时调整，可以一直绷紧，可以先紧后松，也可以先松后紧，还可以松紧相间。这样造成的不同的音高变化，就构成了各种声调。

2. 调值和调类

调值是指声调的实际读法，即音节的高低升降变化形式。调值决定于音高，音高有绝对音高和相对音高之分。“一般而言，男人比女人声音低，老人比小孩声音低，同一个人高兴时声音高，沮丧时声音略低。这样的音高是绝对音高，它没有区别意义的作用。”[①] 如“木（mù）”，老人说出来和小孩说出来，绝对音高差别很大，但别人听到的都是“木”，意思完全一样。无论谁说的“木”，都是从最高音降到最低音，而且变化的模式和下降的幅度也大体相同。尽管小孩的最低音也许比老人的最高音还高，但并不影响意义。决定调值的音高是相对音高，老人和小孩说话虽然绝对音高不同，但相对音高是相同的。调类是声调的种类，就是把调值相同的字归纳在一起所建立的类别。在同一种方言中，有几种基本调值就可

① 依文婧．播音主持艺术专业普通话教学对普通话推广的价值 [J]. 西部广播电视，2021，42（7）：78–80.

以归纳成几种调类（表 2-1-4）。

表 2-1-4　调值调类归纳

调类（四声）	调号	例字	调型	调值	调值说明
阴平	—	妈 mā	高平	55	起音高高一路平
阳平	/	麻 má	中升	35	由中到高往上升
上声	V	马 mǎ	降升	214	先降然后再扬起
去声	\	骂 mà	全降	51	从高降到最下层

（二）音变

语流音变是语言流动的结果。人们平时在进行说话、朗诵、播音等言语活动时，语音并不是一个个孤立发出的，而是连续发出的。在这连续的语流中，一连串的音紧密连接，发音部位和发音方法不断改变，有时难免相互影响，产生明显的变化。这种变化即“语流音变”。普通话中常见的音变现象有：变调、轻声、儿化、语气词“啊”的变读等。

1. 变调

在语流中，音节连续发音时，由于邻近音节声调的相互影响，有些音节的声调起了一定的变化，而与单字调值不同，这种变化就叫作“变调”。

在普通话中，上声变调是常见的音变现象。除却上声字单独出现或出现在词尾、句尾时的情况，当上声字处在词语或句子中的其他位置时均需要变调。相较于其他声调，上声字声调的变化可谓是最大的，也是最多的。“上声字的变调常表现为下降部分音调的失去或上升部分音调的失去。”[①]

上声 + 非上声：变半上，即调值由 214 变为 211。

上声 + 上声：调值由 214 变 35。

上声 + 上声 + 上声：三个上声的不同组合方式，主要分为两种。第一种是双单格，阳平 + 阳平 + 上声，调值为“35+35+214”。第二种是单双格，半上 + 阳平

① 张翠玲 . 基于移动学习的班内分组教学模式探索与实践——以普通话口语课程为例 [J]. 大学教育，2021（3）：152-154.

+ 上声，调值为“211+35+214”。三个以上上声相连，根据词语的意义分组变调，如种马场养有 500 匹好母马，可划分为种马场 / 养有 /500 匹 / 好母马。

2. 轻声

轻声是指某些音节失去了原有的声调而被念成较轻、较短的声调。轻声分布的明显规律大概有以下几种：

方位词或方位语素：北边、上面、里头、地下、脸上。

叠音词的末尾音节：妈妈、爸爸、抱抱、尝尝。

结构助词、时态助词：的、地、得、着、了、过。

语气助词：啊、呀、吗、呢、啦、吧、哇。

“子、儿、头、么”做词缀及表示多数的“们”：儿子、椅子、鸟儿、木头、什么、他们。

趋向动词：回来、说出来、干起来、走过去、收下。

有一批常用的双音节词，后面的字习惯上读轻声：萝卜、时候、首饰、先生、阔气等。

3. 儿化

儿化又称儿化韵，是普通话和某些汉语方言中的一种语音现象，即词的后缀“儿”字不自成音节，而同前面的音节合在一起，使前一音节的韵母成为卷舌韵母，例如“小孩儿”“雨点儿”。

（1）儿化的作用

区别词义，如“小人——小人儿”“拉练——拉链儿”“开火——开伙儿”。

区分词性，如“点——点儿”“准——准儿”。

表示细小、轻微的状态或性质，如小孩儿、小枝儿、铁丝儿、粉笔末儿、虾仁儿。

表示亲切、温和或喜爱的感情色彩，如小脸蛋儿、雪人儿、小孩儿、老头儿、小鸟儿。

（2）儿化韵的音变规律

音节末尾是 ɑ、o、e、ê、u（包括 ɑo、iɑo 的 o）的，韵母直接卷舌，如台阶儿、刀背儿、丑角儿等。

韵尾是 i、n（除 in、ün 外）的，丢掉韵尾，主要元音卷舌，如竹竿儿、好玩儿、圆圈儿等。

韵母是 in、ün 的，丢掉韵尾，还要加 er，如脚印儿 、花裙儿 、背心儿等。

韵母是 i、ü 的，加 er，如米粒儿、玩意儿、小鸡儿等。

韵母是 -i（前）、-i（后）的，韵母变作 er，如没词儿、铁丝儿、瓜子儿等。

韵母是 ng 的，丢掉韵尾，韵腹带鼻音，并卷舌，如天窗儿、门缝儿、唱腔儿、胡同儿等。

韵母是 ing、iong 的，丢掉韵尾，加上鼻化的 er，如电影儿、小熊儿、哭穷儿、花瓶儿等。

4. 特殊变调——“一”和“不”的变调

在去声音节之前，“一”读为阳平，如“一定”；在非去声音节之前，“一”读为去声，如“一起”“一年”；在词语之间，“一”读轻声；但当“一”表示序数或在其他情况下时，“一”读为阴平。“不”的变调有两种情况：一种是，“不”只有在去声音节前变调为阳平，如“不去”；另一种是，在词语之间出现时，“不”读轻声，如“好不好”。

5. 语气词“啊”的音变

句末语气词“啊”，在语流中受前一个音节末尾音素的影响会发生音变。语气词“啊”的音变规律有以下几种：

前字音素是 a、o、e、ê、i、ü 时，“啊”变读为 ia，写作“呀”。

前字音素是 u 时，“啊”变读为 ua，写作“哇”。

前字音素是 n 时，“啊”变读为 na，写作“哪”。

前字音素是 ng 时，“啊”变读为 nga，写作“啊”。

前字音素是 -i（前）时，“啊”变读为［zA］，写作“啊”。

前字音素是 -i（后）、er 时，“啊”变读为 ra，写作“啊”。

四、发音器官和发音原理

语音的形成是人体发音器官活动的结果，要提高发声质量，必须了解发音器官的功能，分析发音器官发声活动的规律。人的发音器官大致可分为呼吸器官、发声器官、吐字器官。

呼吸器官包括气管、肺、胸廓、膈肌（图 2-1-2）。由肺呼出的气流是发声的动力。胸廓和膈肌、腹肌的运动能改变胸腔的容积，由于空气压力的变化，使处于胸腔的肺吸进或呼出空气。胸廓的运动可以改变胸腔的周围径，主要是通过肋间肌的运动实现的。膈肌的运动主要是改变胸腔的上下径。由于膈肌是不随意肌，所以膈肌的运动主要是通过腹肌的运动改变腹腔压力而间接实现的。

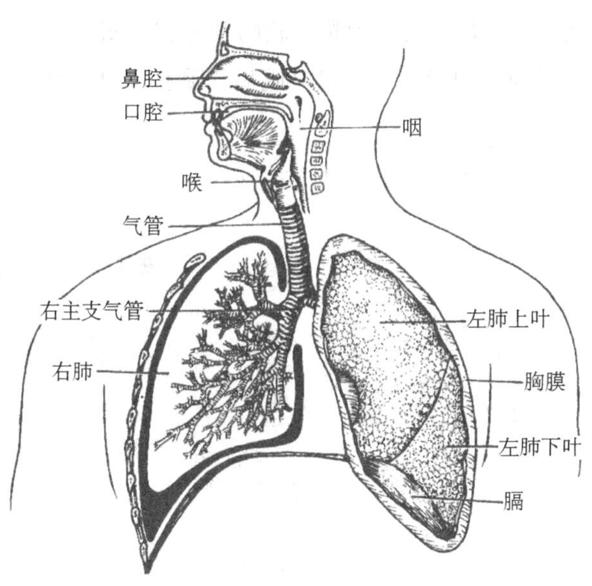

图 2-1-2　呼吸器官

发声器官包括喉头、声带（图 2-1-3）。喉位于气管的上端。由肺呼出的气流经过气管通过喉部时，处于喉部的声带会在气流的作用下产生振动，发出声音。喉由多块起支架作用的软骨和调整其运动的肌肉构成，正是由于喉部肌肉的运动使喉部的状态发生变化，从而使声带的长短、薄厚发生改变，致使发出声音的音高、音色产生变化。

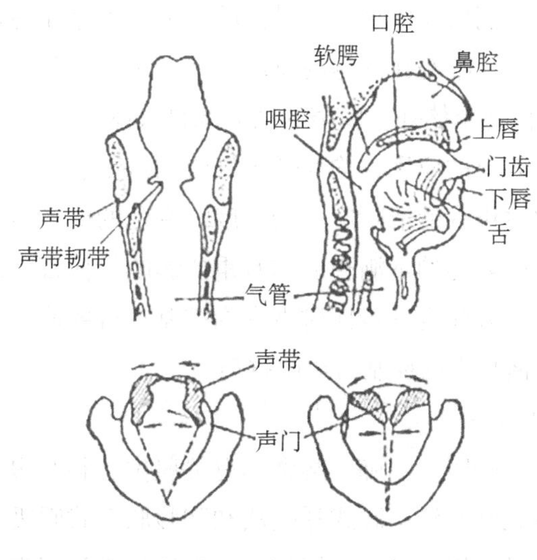

图 2-1-3　发声器官

吐字器官包括唇、牙齿、舌、硬腭、软腭及鼻腔（图 2-1-4）。声带振动发出的声音叫喉原音。喉原音很微弱，经过共鸣后得到扩大和美化，形成不同的语言音色。

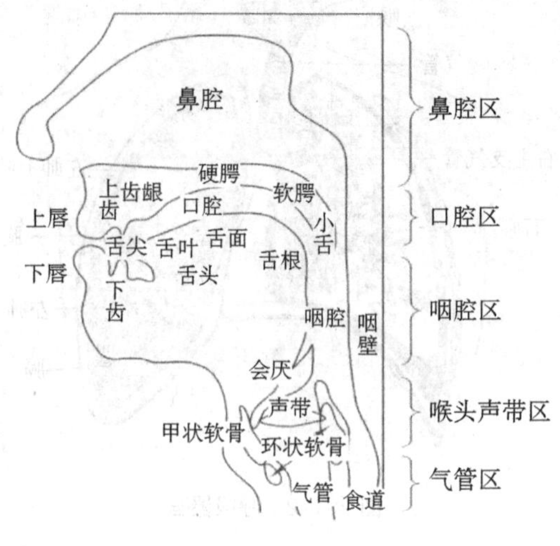

图 2-1-4　吐字器官

五、用气发声与吐字归音

（一）用气发声

在日常生活中，人们仅仅依靠声带讲话的情形是不存在的。声带所产生的声音原本既微弱又不悦耳，唯有在气息的驱动之下，历经各共鸣腔体的音量放大与音色美化过程，方能传递至体外。发声的动力源自人体呼出的气息。声音的强弱、时长、音高以及共鸣效果的应用，均与呼出气流的流量、密度、速度存在着直接的关联。气流的变化对声音的清晰度、响亮度，音色的优美与圆润程度，嗓音的持久保持能力以及情感表达的饱满程度均有重要影响。换言之，唯有在呼吸得到有效控制的基础之上，方能进一步探讨声音的控制；若要使声音能够自如地传达情感与意图，必须掌握呼吸的控制与运用技巧。

1. 胸腹联合式呼吸法

人的呼吸器官是由呼吸道、肺、胸廓和有关肌肉、膈和腹部肌肉组成的。呼吸方法一般可分为胸式呼吸法、腹式呼吸法和胸腹联合式呼吸法。胸式呼吸法吸入及呼出的气流量少且难以控制。采用胸式呼吸法的常见于声音较尖细、声音强度不大且变化较小，声音位置较高，身体较为瘦弱的女性。腹式呼吸法在吸气过程中能够吸入较多的气流量，而在呼气发声时，则会呼出较多的气流量。同时，呼出气流的强度与流量均会在一定范围内呈现出相应的变化。采用腹式呼吸法时声音往往显得深、重、低、沉。胸腹联合式呼吸法并非胸式呼吸法与腹式呼吸法的简单相加，而是指胸部与腹部所有相关的呼吸器官均参与呼吸运动，促使胸廓、膈及腹部肌肉在呼吸控制方面协同作用。此方法不仅增大了胸廓的周长，还扩展了胸腔的垂直距离，从而能够吸入充足的气息，实现较大的气息容量。此外，通过稳定地维持两肋及膈的张力，并与来自小腹的收缩力量形成均衡对抗，有利于为声音提供有效的支撑力量。胸腹联合式呼吸法便于对呼吸进行精准控制。在我国民族声乐、戏曲及曲艺等艺术发声领域中，所说的“丹田气”即利用胸腹联合式呼吸法发出。

2. 胸腹联合式呼吸法的要领

（1）呼吸状态

①心理状态

一个人的内心状态如果是积极的、振奋的，神经传导就快，口语表达就顺畅。一个人的内心状态如果是消极的、应付的，神经传导则迟钝，口语表达也就呆滞。因此，无论在口语交际中，还是在用气发音训练时，都要保持一种积极的心理状态，要做到“兴奋从容两肋开，不觉吸气气自来”。

②身体状态

在口语表达过程中或用气发声训练时，全身肌肉应相对放松，呼吸器官要舒展自如。具体要求是：喉咙放松，鼻子通畅，肩膀舒展，胸部稍微向前倾斜，头和颈部之间保持平直，小腹要自然地向内收。有坐式和站式两种。坐式，要坐在椅面前部。为避免躯干弯曲、力量松懈，不要“坐满臀”，不要用软椅或沙发。站式，站成“丁字步”或与肩同宽，把身体的重心落在前面那只脚的脚掌上，形成一个支点，使身姿自如而挺拔。

（2）呼吸感觉

胸腹联合式呼吸法的感觉应该是：随着气流从口鼻同时吸入，两肋向两侧扩张，腰带感觉渐紧，小腹控制渐强。呼气时，保持住腹肌的收缩感，以牵制膈肌与两肋，使其不能回弹。随着气流缓缓呼出，小腹逐渐放松，但最后仍要有控制的感觉。而膈肌和两肋则在这种控制的感觉下，逐渐恢复自然状态。

在发声状态中，腹肌控制的强弱随着思想感情的起伏在不停地运动和变化。

"掌握胸腹联合式呼吸法，关键在于抓住符合要领的实际感觉，并且需要在反复的练习中加强和稳定这种感觉。"[①]

（3）呼吸要领

①吸气要领

吸气要两肋打开，吸到肺底，腹壁"站定"。这是一种深吸气，而在生活中只有呼气结束后才有吸气的需求。在体会吸气要领时，应先将体内余气用叹气法全部呼出，再自然吸气，此时才容易体会到将气吸到肺底、两肋打开的感觉，否则易成为胸式呼吸。在自然吸气的过程中，腹肌的配合是不明显的（尤其是女性）。在胸腹联合式呼吸法训练中，吸气时要求膈肌、肋间外肌等吸气肌肉群紧张工作，同时让腹部肌肉、肋间内肌等呼气肌肉从自然吸气时的松弛状态进入"紧张工作"的准备状态。腹壁"站定"的状态是指随着吸气运动，上腹部跟随两侧肋骨打开并稍微鼓起。在吸气时，膈肌下降，导致腹腔压力增大。必须强调的是，在吸气的过程中，腹部肌肉不能过度活跃或产生太大的张力，否则可能会阻止膈肌下沉并限制胸腔上下的扩张，从而降低吸气量。一旦吸气达到超过正常呼吸但仍能保持稳定的状态（对于新手来说，只需吸气至五分或者六分就可以了，无须过多），就可以进入呼气环节。

②呼气要领

呼吸技巧可以分为三个步骤来学习。第一步，我们需要学会如何保持稳定的呼吸方式，主要关注快速吸入并缓慢呼出的过程。第二步，我们要练习的是维持呼吸的能力，通常情况下，一组呼吸应该能够发出长达30～40秒的声音。在这个过程中，当我们在呼气的同时，腹部肌肉也必须一直处于活动状态，通过对丹田的收紧来控制气体流动。只有这样，我们的呼吸才可能更稳定、更持久。第三步，是关于让呼吸与发音相联系的学习。这包括了解如何根据不同的内容和情感波动调整呼吸力度及速度，并灵活运用各种呼吸模式。

③换气

有时气已呼光，但说话还在继续，容易出现句尾干涩或声嘶力竭的现象，这就需要学会在发声过程中补气或偷气。由于思维和表达的需要，为维持较长时间的发声而超出了生理能力，需要补充气息又没有补充气息的时间，这时的换气技巧我们通常叫"补气"或"偷气"。补气或偷气的基本要求是不破坏语句的连贯，在听众不察觉的情况下少量、无声地补充气息。补气或偷气的基本动作是：保持

① 马欣．播音主持艺术语音及发声[M]．重庆：重庆大学出版社，2010.

发声结束时的气息控制状态不变，两肋向外一张，就完成了补气或偷气的过程，从而接续后面的发声。补气或偷气进气量很小，吸入程度感觉很浅，大约只是一口气，只吸到上胸部，甚至只吸到嗓子眼。气息补得及时，才会用得从容，才能持久地发挥气息的动力。

（二）吐字归音

吐字归音是我国传统说唱艺术理论中在吐字、咬字训练上的一个术语。它把一个汉字的发音过程分为出字、立字、归音三个步骤。出字是指声母（包括韵头）的发音过程，立字是指韵腹的发音过程，归音是指发音的收尾（发韵尾）过程。吐字归音对发音的每个阶段都提出了具体的要求，以便取得字音清晰、响亮饱满、弹发有力的效果。

1. 汉字音节的特点

从音节的角度看，汉字音节通常由声母、韵母、声调三部分构成。一个音节可以没有声母，但不能没有韵母和声调。韵母又可以分为韵头、韵腹、韵尾三个部分。从吐字归音的角度看，汉字音节一般可以分为字头、字腹、字尾三部分。

字头是一个汉字音节的开头部分，一般是组成这个音节的声母，有的还有韵头（介音）。如在“响”这个音节中，声母和韵头共同构成字头；在“来”这个音节中，声母单独构成字头。凡无声母的字，字头由韵头（介音）充当，或由韵腹承担，如在“阳”这个音节中，韵头单独构成字头。

字腹是组成汉字音节的韵腹部分，由元音构成，发音时声带振动，声音响亮，可以延长，是音节中最能发挥共鸣作用、最有响度和穿透力的部分。如，在“江”这个音节中，韵腹构成字腹；在“枚”这个音节中，韵腹构成字腹；在“啊”这个音节中，韵腹构成字腹。在口语表达时，只有字腹发得长而稳，整个字音才能发得响亮、圆润、富有色彩。

字尾是组成汉字音节的韵尾部分，是字的终了和归宿。如，在“难”这个音节中，韵尾是字尾；在“海”这个音节中，韵尾是字尾；在“妙”这个音节中，韵尾是字尾。字尾由元音或鼻辅音充当，发音时声带振动。字尾在整个音节中所占的时值很短，要在字腹延长到最后才能收尾、收韵。

2. 吐字归音的要求

吐字归音的要求是：吐字清晰，立字饱满，归音到位。即在吐字发声时，字头要咬得快而准，字腹要吐得稳而长，字尾要收得清而短。每个字的头、腹、尾都要交代清楚。当我们发一个声母、韵母完整的字音时，吐字归音的过程就成了枣核形：

中间（韵腹）发音动程大，占的时间长；两头（声母和韵头为一头，韵尾为一头）发音动程小，占的时间短。所以，字头和字尾发音时要严格控制和规范口形，字腹发音时要响亮、圆润。这样吐字才能达到字正腔圆、清晰饱满的效果。

第二节　口语表达的外部技巧

在有效的沟通实践中，口语表达的外部技巧占据重要地位，对于提高信息传递效率及提升听众专注度与兴趣具有关键作用。这些技巧让沟通过程更加生动，具有更强的说服力。具体而言，通过停连、重音、语气、节奏等外部因素，语言能够展现其丰富的内涵与情感色彩。例如，恰到好处的停顿不仅可以引导听众进行深入思考，还能有效强调关键信息的重要性。语气的巧妙变化则能生动地反映情感起伏，精准传达个人情感，触动听众心弦，引发共鸣。这种情感共鸣不仅有助于建立信任，还促进了双方的深刻理解，使沟通过程更加顺畅、高效。因此，掌握多种口语表达的外部技巧，对于在各种场合下自如地表达自己具有重要意义。

一、停连

从生理上讲，我们不可能一口气把要说的话全部说完；从心理角度看，人们说话都有一定的语言表达意义。为了使自己的意思表达得更清楚，就不能不把语流中的词语适当地加以区分与组合，这就需要在语句的某处中断或把某些词语连接起来说，这样才更有利于意义的表达。例如，“下雨天留客天留我不留”这个语言片段，就可能因为停连的位置不同而出现不同的意义表达。

有时为了表意的需要，甚至可以打乱标点符号的限制进行语气上的停连重组。例如，在“我在运动场打秋千跌断了腿，在前往医院的途中一直抱着我的，是我妈”这个语言片段中，我们常常处理成“在前往医院的途中，一直抱着我的是我妈”，强调和突出了对妈妈的依恋。

（一）停连及其作用

停连指停顿和连接。停顿是说话时声音的顿歇、中断和休止。而声音不中断、不休止，特别是文字上有标点符号而在表达中不需要中断、休止的地方就是连接。

停连常常和其他技巧一起运用，共同服务于表达。它的主要作用是“在正确理解文字的基础上，使语言意义表达更清晰”[①]。一般来说，停连的作用表现在语义、逻辑、目的和内容等方面。

1. 使语义更明晰

有时语句需要运用停连来使意义固定下来，变得清晰、明确，不产生歧义。

2. 使逻辑更严密

有的语句需要借助停连来进一步表现语句的逻辑含义。

3. 使目的更鲜明

有时停连还是重音处理的重要表现手段之一，运用得当可以达到突出语句重音、凸显语句的目的。

4. 使内容更完整

有时语句的意义因为不确定、不完整而出现意义上的缺失，这时可以运用停连来明确语句的完整含义，消除歧义和语意缺失。

（二）确定停连的位置

1. 准确理解语句的意思

只有准确地理解语句在语言环境中所表达的意义，才能准确地确定停连的位置。单独的一个语言片段往往很难准确确定其意义。要想正确地选择停连的位置，就必须正确地理解句子的意义。

2. 正确分析语句结构

停连不当可能造成意思表达不清楚。

3. 恰当体会情景神态

在不影响语句清晰的前提下，应以传神恰当为标准来处理语句的停连。

4. 合理处置标点符号

在书面表达中，为了使句子的意义明晰，人们会用一系列标点符号区分不同的停顿时间，帮助读者理清逻辑线索，让人对内容更清楚明白。同样，在有声语言的创作活动中，标点符号也是我们重要的参考和提示。但是在说话时，切不可完全被标点符号所左右。有声语言的停顿和连接不能机械地按照书面上的标点符号来确定，否则会使句子失去有声语言的活力，显得散乱、呆板。也就是说，停顿和连接的确立是根据语义的实际需要，标点符号只是参考。

① 邵幼平．语文教师的课堂语言艺术运用 [J]. 产业与科技论坛，2016，15（19）：121-122.

（三）停连的类型

1. 区分性停连

语句中的词与词组、句子与句子、层与层、部分与部分之间都有区分性停连。

2. 呼应性停连

有的句子前后词意呼应，形成句子的连贯意义。

3. 并列性停连

句子与句子之间属于并列关系时，处理的方法基本相同，停顿的时间基本一致。

4. 分合性停连

有的句子先分开说后总说，有的句子先总说后分开说，这种句子的停连往往在分与合的交接处。

5. 强调性停连

强调性停连是句子因感情和强调的重点需要而运用的一种停连，往往是在重点的前后加以停顿，以突出重点。

6. 判断性停连

人们在进行判断时有一个明显的思维过程，这就可以运用停连把它表达出来。

7. 转换性停连

语句从一个意思转换到另一个意思时常常需要使用转换性停连，同时配合感情的转换。

8. 生理性停连

人们说话时不可能一口气把要说的话全部说完，需要停顿换气。这里所说的生理性停连不是说话时因人的气息出现的停连，而是语句中人物因生理上的需要产生的异常语气状态，如出现上气不接下气、断断续续、口吃等情况。

9. 灵活性停连

灵活性停连是针对生搬硬套的停连而言的。每个人的修养不同，声音、气息条件不同，各种技巧之间的互相渗透和影响不同，因此，不必硬性规定非得在某处进行停连处理。只要在内容许可的情况下，又符合思想感情运动的需要，且停连处理后别人不会产生混乱，就可以相对灵活地运用停连。

10. 回味性停连

回味性停连在表达中具有引起思考、引发回味的作用。

（四）停连的方式

常见的停连方式有以下几种：

1. 落停

落停一般用在一个完整的意思讲完以后，经常用在句子的末尾。它的特点是停顿时间较长、停顿时声止气尽、句尾声音顺势而落并停住。

2. 扬停

扬停一般用在句子中无标点符号之处，或一个意思还没有说完而需要停顿的地方。它的特点是停顿的时间较短（有时仅仅是一顿而已）、停时声停气未尽（有时虽停却不换气）、停之前的声音稍向上扬或平拉开。

3. 直连

直连一般用于有标点符号而内容又联系紧密的地方。它的特点是顺势连带，不露接点。

4. 曲连

曲连一般用于标点符号两边既需要连接又需要有所区别的地方，特别是一连串的顿号之间，或者是排比句式之类的连接点。它的特点是连环相接、连而不断、悠荡向前。

当然，停连还有其他的不同方式，不管使用什么方式，都应与句子表达的意义相符合，与语言环境中具体的语句情况相符合。

二、重音

（一）重音及其作用

人们说话时总会有自己需要表达的重点，一个句子中总有最能表明意义的那个词，因此，那些最能体现语句目的、在说话中需要着意强调的词或词组应用重音。重音和非重音可以解决句子中的主次问题。一般来说，词语内部往往有相对稳定的轻重读音差别，语音学上称这种稳定的轻重读音形式为轻重格式，段落和全篇的重要句子或层次叫作重点。

一起使用重音与停连可以使语义更清楚准确，使语句的目的更明确突出，使逻辑关系更严密，使感情色彩更鲜明。

（二）重音表达的方法

重音是语句中需要重读的音。重音的处理并不是简单的重读，加重声音的重读只是表达重音的一种方法。句子中重音是有主次的，如果重音都用重读来体现，那么，句子中的次重音就没法处理。此外，重音也并不是一成不变的，不要求每个人强调的重音都必须一致，因为在说话的过程中，词是处于语句之中的，语流中的音节由于受前后左右邻近音节的影响，加之表达风格、表达方式的不同，节奏快慢、声音高低的不同，气息深浅的不同，感情色彩的变化，每个人强调的重音都有可能不同。因此，重音的强调也不能局限于一种模式。常见的强调重音的方法有以下三种：

1. 高低强弱法

任何事物都是相对的，有高就有低，有强就有弱。所以，人们经常运用声音的轻重、高低变化来强调重音。要想加强语气强调某个重音，必须先把语句中的非重音相对放低或减弱，才能显示出强调的效果，应该“欲高先低，欲强先弱”或“低后渐高，弱中渐强”。

2. 快慢停连法

采用分配不同时值的方法分别对待重音和非重音音节，把次重音和非重音快速带过，用放慢或延长音节来处理重音。有时也在重音前后运用停顿的方法来表现。

3. 虚实结合法

虚实结合法是一种通过声音的虚实变化来强调重音的方法。

（三）选择重音的方法

在语句中如何把能表现语句目的和中心的词强调出来是非常重要的。一般而言，可从以下几方面入手进行重音的选择：

1. 突出语句目的的中心词

突出语句目的的中心词是指那些在语句中占主导地位和最能揭示语句本质意义的词或词组，能准确、鲜明地传达出语句的目的，可以选为重音。

2. 陈述事实的主要词语

句子中那些交代时间、人物、地点和事件的主要词语可以选为重音。

3. 起说明、修饰、限制作用的主要词语

有时，那些与语句目的直接相关的说明、修饰、限制性词语，也是突出语句目的的中心词，可以选为重音。

4. 表示判断的主要词语

当语句的目的主要是表明肯定或否定的态度，这时起判断作用的词语也可以成为重音。

5. 反语中的主要词语

在反语修辞手法中，句子的实际意义与字面上的意义相反，常常通过反语关键词表现出来，可以选为重音。

6. 句子中的主要数量词

当数量词与语句的目的直接相关，也可以成为句子的重音。

（四）重音的类型

根据不同的分类标准可以把重音分为不同的类别。根据内容的不同，可把重音分为以下几种：

1. 语法重音

语法重音是指在语句中担任主要职能的词语，如主语、谓语、定语等。

2. 逻辑重音

逻辑重音是指在语句中表明语句逻辑关系的词语。而逻辑重音还可以再细分。

3. 并列性重音

并列性重音是指在段落和语句中，存在并列关系的某些词或词组，需要通过有声语言来显示出它们之间的逻辑关系。

4. 对比性重音

现实生活中美与丑、真与假、善与恶都是对立存在的，通过对比可以使事物的特征显得更加突出。这些对比词可以作为重音。

5. 呼应性重音

呼应性重音是揭示上下文呼应关系的有效方法。

6. 递进性重音

递进性重音常常落在第一个递进词上，第二次出现的词不能成为重音。

7. 转折性重音

由于语句上的差别，转折性语句的表现形式分为重转和轻转。

8. 肯定性重音

在表达对事物的肯定性态度时，一般使用肯定性词语“是、有”等。在口语表达时，人们可根据语句的内容需要进行肯定或否定的强调。

9. 强调性重音

强调性重音是指对句子中表达感情色彩的词加以强调，以突出某种感情的重音。

10. 比喻性重音

语句中经常运用比喻，化抽象为具体，变深奥为浅显，使语言生动形象。因此，语句中常常把比喻性词语作为重音。

11. 反语性重音

运用反语修辞手法能够将作者的感情表达得更加充分和热烈。这时，就需要抓住反语词，把赞成或反对的态度重点表达出来。

12. 拟声性重音

句子中的拟声词也能成为整个句子的重音，这要根据它在句子中的地位而定。

三、语气

（一）语气及其作用

语气是指语句在一定思想感情支配下具体的声音形式。通常，语气是指说话人通过一定的语法形式表示对行为动作的态度，如陈述语气、祈使语气、虚拟语气等。现代汉语用语气助词“的、了、吗、呢”等和语调来表示语气。这种解释把语气的运用仅仅局限在语法的阶段，实际上，没有将具体的思想感情融入其中的语句是不存在的。人们在进行有声语言的表达时，必然会因感情因素去运用音色、音高、音长等多种声音要素，使语句丰富多彩、富有表现力。因此，语气是讲述者通过对语言链条和语言本质的理解、感受、体验，所传达出的喜、怒、哀、乐、惧等感情的信息。

（二）语气的分类

依据语气在不同体裁及不同对象中的具体应用，可将其划分为以下几种类别：

1. 篇章语气

篇章语气又叫文体语气。人们说话、朗诵、演讲时是以整个篇章语言环境为基础的，整个篇章的风格、体裁、语言特色等，都会使语气受到制约。政论文和抒情散文的语气不同，小说与诗歌的语气也不同。

2. 对象语气

对象语气是指人们根据不同接受对象的心理特点和接受水平，采用不同的语句或语音形式。在谈话中，针对不同对象，如对学生、对长辈、对同事应采用不同的语气。

3. 语义语气

语义语气是在语句语境层次上划分出来的语气类型。语义指句子所要表达的和所能表达的全部思想内容。句子的语义要素有客观事实、说话目的、说话态度、说话者的感情评价等。从这些类别中，我们可以把握语句具体的语气色彩和分量，并选择和确定具体的语音形式。

4. 人物语气

人物语气是指篇章中人物语言的传达。把握人物语气，可以从以下几个方面着手：第一，考虑人物的年龄、身份、性别、职业、性格、文化修养等较为稳定的因素来确定人物的基础语气，主要表现为用声吐字方面的特征；第二，考虑人物所处环境、时间、人物关系、心理状态、语言目的等可变因素，来决定具体句子的语气。后一种情况侧重于对具体句子感情色彩的把握和对基本语气、声音形态的支配。

语气的色彩是十分丰富的，是由多种多样的感情融合在一起的，并在语句中多层次地显露出来。因此，不可将一个句子硬性地规定为它是喜悦的还是愤怒的。“一种类型的语气还应有层次和分量上的差别与变化，比如狂喜、欣喜、喜悦，狂怒、大怒等。”① 这种程度上的细微差别，主要体现在重音、次重音的安排上。

四、节奏

（一）节奏及其类型

节奏是指语句在思想感情的支配下，由情绪的波澜起伏所形成的语句的抑扬顿挫、轻重缓急的声音形式及其回环往复的规律。它是以全篇文章为单位来考虑的语言技巧。常见的类型有以下六种：

1. 轻快型

轻快型节奏的语句多扬少抑，声轻而不着力，语流中顿挫少，且顿挫的时间短暂，语速较快，轻巧明丽，有一定的跳跃感，全篇重点位置的基本语气、基本

① 段瑜．建构国民汉语能力口语测试框架研究 [D]. 武汉：华中师范大学，2020.

转换都比较轻快。

2. 凝重型

凝重型节奏的语句多抑少扬，多重少轻，音强而着力，色彩浓重，语势较平稳，顿挫较多，时间较长，语速偏慢。重点位置的基本语气、基本转换都显得分量较重。

3. 低沉型

低沉型节奏声音偏暗、偏沉，语势多为下降型，句尾落点多显得较沉重，语速较缓。重点位置的基本语气、基本转换偏于沉缓。

4. 高亢型

高亢型节奏声音明亮高亢，语势多为上升型，峰峰相连，扬而更扬，势不可遏，语速偏快。重点位置的基本语气、基本转换都显得昂扬积极。

5. 舒缓型

舒缓型节奏声音轻松明朗，略高但不着力，语势有跌宕，但多轻柔舒缓，语速徐缓。重点位置的基本语气、基本转换都显得舒展徐缓。

6. 紧张型

紧张型节奏声音多扬少抑，多重少轻，语速较快，气较急促，顿挫短暂，语言密度大。重点位置的基本语气、基本转换都较急促、紧张。

（二）节奏的转换

声音的高低、轻重等方面的对比组合关系，构成了文章语音节奏的基本转换形式。节奏进行转换时的基本原则是：欲抑先扬，欲扬先抑；欲快先慢，欲慢先快；欲重先轻，欲轻先重；欲虚先实，欲实先虚。

在节奏转换的过程中，要注意衔接的技巧，紧密结合文章的内容，根据情节发展的曲直、情感变化的起伏、思想层次的深浅，采用不同的转换方式，从而使节奏转换与思想感情的变化更为吻合，表现形式更加丰富多样。

一般所说的节奏转换技巧主要指转换的速度、幅度和向度，通常分为以下几种类型：

1. 突转

突转指节奏形式的转换速度快，一般在内容发生较大的、较明显的变化中使用，往往用在句子与句子、段与段之间，很少出现在句中。

2. 渐转

渐转指节奏形式转换时采用缓转慢回的方法，往往出现在比较统一而略有变化的氛围中。

3. 顺转

顺转指的是在感情色彩基本保持一致的前提下，通过从同一个方向的不同视角逐渐积累并逐步加深感情的过程。例如，“朱自清的《春》全篇采用渐转、顺转的节奏技巧，把春草、春花、春风、春雨等春天的几幅画面串联起来，从不同的角度描写春天，直至最后推向高潮”[①]。

4. 逆转

逆转主要涉及在感情内容和色彩上的相反变化，其中的重点是色彩的改变，而改变的程度和速度则取决于具体的内容。

（三）节奏的运用和控制

节奏的实际运用要从文章总体上进行布局，一篇文章无论节奏怎么变化，总会呈现出自己的整体风格。因此，在进行艺术构思时必须立足全篇，从整体上考虑节奏的安排。总体布局主要从两个方面考虑：一是主导节奏的循环往复要鲜明；二是起烘托、映衬、铺垫、对比作用的辅助节奏与主导节奏要和谐，形成一个有机的整体。

总体布局时要避免单调，切忌一遇见高亢节奏便一扬到底、一遇见低沉的节奏便从头到尾抑而不起，必须细心找到“扬中有抑，抑中可扬”之处，以形成有对比、有变化的运动节奏。

总之，节奏的运用要注意鲜明性、丰富性、变化性和整体性，只有这样才能运用好这一技巧，真正实现节奏对思想感情的表现功能。

第三节　态势语在口语表达中的运用

口语表达是以有声语言为主要表现手段，通过对声音各要素的使用来提高口语表达效果的一种表达方式。它的综合性极强，“不仅涉及有声语言各种技巧的使用，还涉及一些非有声语言因素的使用”[②]。人际关系学研究社会信息在交际过程中的传递时认为，在某种情况下，35% 的社会信息由语言传递，65% 的信息由

① 吕宁 . 朱自清汉语口语教育思想研究 [D]. 无锡：江南大学，2020.

② 匡素萍 . 新媒体语境下口语表达能力与思维素质的提升：即兴口语表达的教学实践与思考 [J]. 新闻研究导刊，2016，7（4）：290，297.

非语言传递。有人甚至说："只有 7% 的情绪信息由语言传递，其余的 93% 要靠非语言来传递。"

心理学家认为，我们的身体语言能反映出我们的心理状态，同时，我们也能通过改变身体姿态来改变我们的感受。人们常用颤抖的动作和睁大的双眼表示忧虑，以咬紧牙关和紧绷的双肩表示气愤，以弓背垂头表示自卑。这些都说明人们的内心感受与身体动作有着天然联系。我们完全可以通过改变身体的姿态来改变心情，例如微笑可以使人感到更有信心，放松牙关和深呼吸可以让人减轻愤怒，开怀大笑可以使一切变得更美好。

心理学的调查显示，第一印象往往会在见面时的两到三秒生成。在此期间，可能还未有对话发生，但思维已经对其做出分类并赋予了特定的标签。若第一印象为正面且有益的话，自然很好；假如这个开端并不顺利，它可能会对后续的交谈产生负面影响。因此，为了达到理想的口头沟通结果，对于身体动作的有意练习必不可少。

一、体态语言及其特点

体态语言是指"人们运用身体的姿态、面部表情、手势等要素发出的信息"[①]。综观体态语言的表现，它具有以下几方面的特点：

（一）信息性

人的举手投足之间，也许传达着一些大家都想知道的信息。如果是有意识的动作，也许对方正在酝酿某些事情，而使人信以为真；若是无意识的举止，更是会透露出对方内心深处的真实想法。察言观色就是对这瞬间的把握，进而研究出相应的对策。无论是在管理大型项目或处理日常事务时需要征求他人意见，或是上级对下级、商家同客户协商，又或者是夫妇、恋人及友人间的互动，只要我们能理解并解读出对方的肢体动作所传达的信息，就能够洞察其中的深意，进而做出适当的回应以实现预期目标。姿态表达在我们学习的各个阶段、生活的方方面面以及工作的每个环节都具有极大的影响力。

（二）广泛性

不论身处何种环境和场合，健康且无生理缺陷的人都会展现出各种动作。其

① 薛可，余明阳．人际传播学 [M]．上海：同济大学出版社，2007.

中一部分是为了满足人体基本功能的需求，另一部分则旨在传达情感并释放压力，还有一些则是为适应口头交流需求所发展出的肢体表现方式。一般情况下，我们能从肢体语言中窥探到他人内心的状态，同时也可以通过肢体语言向他人透露关于自己的某些信息。

（三）灵活性

人体由脑部控制并管理，当生理状况允许时，我们可以自由使用各种身体动作来有效传达信息。这些动作可以根据目标人群和环境的变化而变化，也可以用来传递深浅程度各异的情感。这些动作都是我们身体的非言语沟通方式所能做到的，没有任何限制。

（四）民族性

“身体语言根据国家、民族、地区、性别、年龄、受教育程度、社会团体等的不同，而具有各自的特点和寓意。”[①] 在中国，头部上下移动代表同意，但在印度却恰好相反，他们通过头部左右移动来传达同意的信息；同样的情况也发生在希腊，那里的人们不能随意挥动手臂或者弹手指，因为这些动作被视为轻蔑的行为，有失礼节；至于德国，人们严禁使用弹响指的方式召唤他人，特别是服务员，因为这种行为在当地被看作对人的一种侮辱。

各种文化对相同的身体语言可能有不一样的理解，因此，在评估一个人的身体语言时，我们必须了解他的文化背景和民族习俗。

二、口语表达中的体态语言

人类运用体态语言进行沟通，已经有百万年的历史了，但直到 20 世纪 70 年代才渐渐有了一些研究。俄罗斯专家指出，口语表达与体态语言相辅相成，两者之间存在着不可分割的联系，且体态语言在表达意义上往往比有声语言更为丰富。通常情况下，口语表达者在体态语言方面容易出现的问题主要表现为以下几种：部分表达者目光散乱，游移不定，难以确定注视点；部分表达者面部缺乏表情，无法恰当地传达情感；部分表达者在说话时手足无措，不知如何摆放；部分表达者低头注视脚下，一只脚不断在地面上划动，双手不停地在衣角上摩擦等。

这些表现都能够通过正确、系统、有意识的训练得以改善。接下来，我们对

---

① 刘书慧．身体语言：在不同文化中的同与异 [J]. 海外英语，2012（1）：245-246.

口语表达中常见的身体语言进行深入分析和解释。

（一）目光

人们常说眼睛是心灵的窗户，我们的目光将内心世界表露得一览无余。同时，目光也是与口语表达的对象进行信息和情感交流的有效手段与途径。研究显示，“传送到人大脑中的信息，有 87% 是经由眼睛，9% 经由耳朵，4% 经由其他器官获得的”①。

1. 目光注视时间的长短

双方视线接触，能构建有效的沟通桥梁，进而提升沟通的效能。在人际交往中，有些人能够使人感到愉悦，而有些人则可能令人感到不适，甚至显得不可信。此现象在很大程度上与目光接触的时间长短密切相关。若对方在与我们交谈时，目光接触的时间超过整个交谈时长的 2/3，这可能暗示两种情况：一是对方认为我们极具吸引力，此时往往伴随着瞳孔的放大；二是对方抱有敌意，以非言语的方式表示挑衅，此时瞳孔会收缩。为了在口语交流中与他人构建良好的关系，建议在交谈过程中，用 60%～70% 的时间注视对方。这样做既能让对方感受到被重视，又不会使其感到尴尬，进而有利于增进对方对我们的好感，营造出和谐的沟通氛围。

2. 目光注视的区域

在正式的口语交流中，注视的时间长度与注视的位置都非常重要。注视的区域可能集中在面部或身体的某一特定部位，这对口语交流的效果具有显著影响。

在谈及正事时，我们通常注视对方的前额三角区域。若持续注视该区域，将营造出一种严肃的氛围，使对方感知到交流的正式性。

若视线持续停留在对方眼部以上，将能在交流过程中保持主动地位。而当视线移至对方眼部以下时，社交氛围将逐渐显现。关于注视的研究表明，在社交应酬中，人们通常注视的是对方两眼与嘴之间的三角区域。

若注视的区域横跨眼睛并延伸至下巴以下的身体部位，形成两眼与胸部之间的三角区域，则构成亲密注视。在男女之间，这种注视方式常被用来表达对对方的好感。

---

① 李晓辰，罗婧婷 . 浅谈情境教学法在“即兴口语表达”教学中的运用 [J]. 视听，2020（2）：233-234.

3. 闭眼会产生的效果

当人们选择用闭眼的方式来交流时，不仅是为了满足身体的舒适度（如缓解视觉压力），同时也传达出一种情绪上的信息——他们希望隔绝他人并保持独立的空间感。这种行为背后的动机可以归结为两个方面：首先是对某人有排斥之情，其次是不愿意关注某个人的存在或者对当前的话题缺乏兴趣。这就意味着他们在试图排除他人的干扰并将自己置身事外。若低头避开眼神接触一般也表明他并不欣赏或是反对这场交谈的内容。因此，为了实现有效的人际交往，我们应该尽量降低这类无谓且消极的行为方式的使用频率。

4. 目光的运动

一般而言，我们不会长时间凝视某一目标，此举对交流对象而言是极为不尊重的表现，会释放出挑衅或敌意的信号。

在口语交流过程中，应避免目光游离、四处张望。此类行为易使对方产生以下感受：首先，认为说话者对其缺乏应有的关心与尊重；其次，可能怀疑说话者有所隐瞒，因说话者畏惧直视而心生疑虑；最后，会认为说话者对其言语缺乏兴趣，所以听话时才注意力涣散。

交流时，亦不宜全神贯注于对方的体态，此举可能表明正在对其穿着品位进行评判。这可能使对方感受到自己正在被审视与考量，进而产生不适与反感情绪。

正确的视觉行为应当是：既非固定凝视某处，又非频繁转动目光，而应根据交流需求，在适宜的注视范围内缓缓移动，并注重双方的眼神交流。

（二）手势

手部及上肢的动作统称为手势。人类大多数基础性的手势具有共通性，例如，摇摆手部（手心朝外）通常表示否定或以示敬意；招手示意则意味着邀请对方前来；以手托腮，食指轻触太阳穴，往往反映出正在审慎考量对方的言辞；轻轻抚摸下巴、口中咬着笔杆或眼镜架，则表明正在沉思；在交谈过程中，若对方刻意拂去衣物上难以察觉的尘埃，这可能意味着其对说话者的观点持有异议，但因某种缘由而不便直接表达等。常见的手势类型具体如下：

1. 封闭型手势

当手掌紧扣、拳头紧握或者抱住自己肩膀的时候，这通常表示一种回避、隔离或负面的身体信号。儿童时期，我们常常通过隐藏于某个物品之后来逃避令自己恐惧的事情；成年以后，我们会选择把两只手臂交叠在胸口，以此保护自己免受潜在风险的影响。这个动作实际上构成了一道防线，用来防止外部的不安定因素影响到自身。当我们感觉不安并准备做出防卫反应时，很可能会采用这样的姿势。

2. 指责、支配型手势

一般而言，手掌朝上且手指伸展的姿态，代表着一种顺从且无威胁性的态度；手掌朝下，或是相较于对方而言，自身处于手掌朝下的位置，则表明个体期望在未来的互动中占据主导地位并掌控局面，这是一种展现支配性与权威性的姿态，易使他人感受到被指示或命令的意味。

当手心朝下，紧握拳头，并伸出食指指向他人或物体时，此动作在某种场合下构成了一种典型的指责或指导他人的体态语言。早在公元前 18 世纪的《汉穆拉比法典》中，便已有针对此类行为的惩罚性条款。在古巴比伦时期，以手指指向他人，则被视为暗示欲以矛等武器进行攻击的信号。尽管这一体态语言的原始含义现已不复存在，但人们对此手势的负面情感仍旧根深蒂固。此手势在口头交流过程中，极易引发他人的愤怒，特别是在与言语内容相结合时，其含义更为明确。若个体存在以手指指向他人或物体的习惯，建议尝试练习手掌朝上、手指张开的姿态。此姿态能给人以放松之感，并对交流对象产生积极、正面的影响。常言道：当以一指指责他人之时，应铭记其余三指正指向自身。

3. 厌倦、评估型手势

若对方在交流过程中以手支撑头部，此举可能透露出其正竭力防止自身陷入沉睡状态，从而反映出其已产生厌倦情绪。

极其乏味或无趣的时候，人们会用双手支撑头部。此外，指尖在桌面上轻敲，有时也代表了不满情绪。而这种行为的频率则反映了其对当前话题的不满程度，频率越高，越显露出内心的焦躁不安。一旦察觉到这样的迹象，应立刻实施有效的方法以重新激发对方的热情，从而确保交谈顺利进行。

当手轻轻地捏成拳头贴近面颊，同时只露出食指朝上时，有时代表着一个人对于某个事物的兴趣正在逐渐减弱，但为了避免尴尬和失礼，他们会做出一种看似仍旧对其充满热情的态度。

4. 紧张型手势

如果交谈的一方双手紧握在一起，手指关节发白，或不自觉地不停摆弄一件小物品、揉搓衣角，抑或干脆隐藏起自己的手，把它插在衣袋里等，都说明他对交谈的对象与内容感到紧张或不适。

5. 友好沟通型手势

交谈时用手拍对方的肩膀或拉着对方的手说话，是表示和传递对对方很友好、善意的信息。

（三）腿部的姿势

口语表达者腿部的姿势也能反映他们的心理状态，传递出一定的信息。

1. 封闭、防御型姿势

站立时，双腿交叉并伴随双臂交叉的行为，在陌生人之间通常被视为一种防御性的体态表现。男性在坐姿状态下，若扣着脚踝，亦为一种防御性的动作，有时还伴随着将握紧的拳头置于膝盖之上或紧紧抓握椅子扶手的举动；女性则通常表现为两膝并拢，小腿可能倾向一侧，双手或分别置于大腿上，或双手交叠，摆放于大腿上。此类姿势在心理上，是个体通过抑制自身来控制负面的态度和情绪。在面试过程中，常可见到一些应征者会采取扣着脚踝的姿态，这往往意味着他们正在克制自身的情绪或心情。

负面的言辞行为可能会加剧和扩大消极的心理状态，同时也可能因说话者的防御、消极态度而引发对方的反感。因此，最好多练习并保持积极、开放的姿态，以提升自信，改善与他人的关系。

然而，当女性身着短裙坐着时，紧扣脚踝与合拢双腿往往是出于服装礼节的需求，并不代表她一定有消极情绪或心理问题。

2. 开放型姿势

男性在坐着时，双腿微微分开，并伴随身体前倾，这一体态一般显示出接纳、和善及开放的心态。站立时，若双脚分开，且其中一只脚的脚尖朝向对话者，并配以手掌展开、外套敞开、态度悠然、身体趋近等体态语言，同样传达出接纳、和善及开放的信息。当个体在团体环境中逐渐感受到自在与相互理解时，其体态便会由防御转变为开放且轻松的状态。

（四）站姿

在一些口语交流环境中，说话者会采取站立的姿态进行交流，而站姿也会泄露说话者的内心信息。

1. 宽松的氛围

“人们在站立时身体很少像军人站立的姿态一样标准，一般都会有所偏向或出现重心转移变换的现象。”[①] 若是在几个朋友闲聊的环境下，氛围较为轻快，那么他们的两条腿常常呈现出一种自然张开的状态，手势也会表现得更为自然和生动，同时脸上也会带着笑容或是丰富的面部表情。假如我们在一群人里对某个特定个体产生了浓厚的兴趣，往往会把重心放在其中的一只脚上，另外一只则显得比较松弛，并且脚尖朝向那个引起我们注意的人，身体也会随之倾向或靠近那个人所在的位置。

2. 紧张的氛围

当对话环境变得压抑时，人们可能会采取一些肢体动作来缓解压力，例如交叉双腿、双手环抱、面无表情或者表现出有对抗性的情绪（抬高眉头、眼神变得犀利）等。这些身体信号一旦在一个群体里被某个人先发出来，就可能迅速感染其他人，使整个团体弥漫着不满或敌对的氛围。

当人类采取站立的姿势，并把双臂交叠于腰部之上、髋关节处，这个动作有时代表了攻击性。运动员采用此种姿势表示他进入了“战斗状态”或“准备阶段”，这是他们在竞争之前的状态调整。有时候，这种姿势也会被理解成一种象征，表示某人在向特定目标努力的过程中即将获得胜利的自信。

3. 口语表达中正确的站姿

在进行口语表达时，可选择下面所列的正确姿态：

第一，保持头部端正，双眼平视前方，双唇轻轻闭合，嘴角上扬呈微笑状，内心保持自然平和的状态。

第二，两肩平行、放松，稍向下压，使身体有向上的感觉。

第三，身体躯干挺直，重心在两腿中间，挺胸、收腹、立腰。

第四，双臂应自然地垂放在身体两侧，或者置于身体前方。

第五，男性双脚分开 20 厘米左右或脚后跟靠拢呈“V”字形，女性两脚呈“丁”字形。

在进行较正规的口语表达（如演讲、朗诵）时，站立的姿势非常重要。如果肩膀歪斜，身体不正面对着听众，就表明表达者可能心里害怕而不敢正视和面对客体；如果左右脚不停地交换重心，双臂不自然地紧夹着，就表明他内心可能紧张和不安；如果低着头看着讲桌或地面、脚尖，腰背不挺直，就表明他可能缺乏自信，有怯场心理。

① 段瑜．建构国民汉语能力口语测试框架研究 [D]. 武汉：华中师范大学，2020.

（五）坐姿

有的口语表达类型常采用坐姿进行。因此，坐姿也是表达者必须重视的体态语言之一。

1. 常见的消极坐姿

人们坐在椅子上时也可以表达内心的感受，传递出信息。通常情况下，当人们以舒适的方式坐在带扶手的座椅里，并将双臂轻搭于其上时，这种姿势往往出现在一种和谐且无压力的环境下。而有些人总是选择坐在座位边缘而不敢完全占据整个座位，可能预示着他们此刻充满不安全感或有少许的恐惧感，他们时刻准备着起立结束对话。若有人保持着这样的姿势：虽然他们在座位上，但头部是倾斜地靠在桌面上，这可能意味着他们对于当前的话题并不热衷，甚至有些漫不经心。

当一个人以一种放松的姿势躺在椅子上，双腿和双手张开时，这表明他们对自己的能力有很大的信心，并且可能轻视与之交谈的人。若对这样的态度感到无法接受，可以尝试通过移动位置来引发他们的转变，从而影响其心态。例如，可以选择远离他们并保持一定的距离，让他们难以触及自己；同时，不断向他们展示各种物品（如文档或照片等），使他们必须调整自己的位置。

假如对方在椅子上无法安稳坐下，频繁移动，可能是因为他觉得坐着不舒服，也可能是他已经对交谈感到厌烦，想要离开。对于前一种情况，我们可以给他准备一本杂志，或者倒一杯茶，或者让他能够靠在椅背上，放松地坐好；针对第二种情况，最好赶快结束谈话。

2. 正确的坐姿

正确的坐姿反映了口语表达者良好的修养和内涵，也是对对方的尊重。

第一，落座轻缓，坐进椅子的前 3/4。如果女性着裙装，要用手拢着裙摆入座。

第二，男性坐下后双腿膝盖并拢或双膝略微分开；女性着裙装坐下时膝盖应并拢或一条腿搭在另一条腿上，不可分开。

第三，男性双脚平稳放置。女性双脚可并拢放在前面，“正襟危坐”；也可并拢斜放在左侧或右侧，这种坐姿适合于坐在较低的位子上；也可前伸后屈式，即大腿并拢，向前伸出一条小腿，另一腿屈后，两脚掌着地，双脚保持在一条直线上；也可双脚交叉式，即双膝并拢，双脚在踝部交叉后内收或斜放；也可交叠式，即一条腿交叠在另一条腿上，两腿紧贴，不可抖动。

第四，双手可以轻松交叠放在膝盖上，男性如果分膝坐时，双手可分别放在膝盖上。

第五，头颈端正，不低头、仰头、歪头、扭头。与人交谈时，正视对方，不可用后脑勺冲着对方。如果要表示对对方的谈话感兴趣，就可以将身体向对方略作倾斜。

（六）行姿

口语表达者常常需要走到固定位置进行表达，这时的行姿也能表现出表达者的心理状态。

1. 不良的行姿

人们在走路时会流露出他们的心理特征。如果头部低垂，眼睛注视着地面或是脚趾，手插进衣服口袋，步伐沉缓且重量感十足，那么就可能意味着这个人内心忧虑、情绪不好或者思维封闭。相反，若他把双手放在背后，低头思索，则暗示了他对自己自信满满。过度晃动的躯体，大小不同的步伐，会给人一种轻浮的感觉，过于做作。

2. 良好的行姿

第一，速度适中，过快容易给人浮躁的印象，过慢又可能会显得没有时间观念。

第二，头颈挺直，两眼平视前方，目光柔和，面部表情开朗。

第三，上身挺直，肩部放松，挺胸收腹，不左右摇晃。

第四，两臂收紧，自然前后摆动，摆动幅度以 30～40 厘米为宜。

第五，先迈脚尖，然后脚跟着地。

第六，脚步轻盈均匀，有弹性、有活力，稳重大方。女性的行姿应该是小步幅前行，步履平稳、轻盈；男性的行姿应是上身平稳不动，双肩平齐，节奏适中，步履稳健，步幅自然。

第七，身体的重心放在脚掌前部，行进中，两脚跟在一条直线上，脚尖偏离中心线约 10 厘米，不外八字或内八字。

总的来说，人的肢体语言会揭示他们的心理状态，加强或减弱有声语言所传达的含义。因此，每一个表达者都应该注重口头表达中身体语言的特性和含义，增强相关训练，提高口头表达的效果。

第三章　即兴口语的表达技巧

生活中的口语表达，以即兴的为多。表达者事先未做太多的准备，临场因事而发、因景而发或因情而发。深谙此道者往往有条不紊，对答如流，要言不烦，一针见血，缺少技巧者则颠三倒四，结结巴巴，无言以对，言语木讷。即兴讲话是一门艺术，也是一种技巧，作为技巧，是可以通过学习和训练而获得的。本章将对即兴口语的表达技巧进行阐述。

第一节　即兴口语的特征

“三打白骨精”是《西游记》中人们耳熟能详的一个故事，也是多年来说书艺人乐于演绎的一个精彩段子，但为什么要“三打”而不是“两打”？其实，中国传统叙事中以“三”为标志的情节安排方式特别多，如《七侠五义》中“御猫三戏锦毛鼠”，《三国演义》中“三顾茅庐”“三气周瑜”，《西游记》中“三调芭蕉扇”，《水浒传》中“三打祝家庄”，《红楼梦》中“刘姥姥三进荣国府”等。当代创作中也有，如金庸《射雕英雄传》中“三擒欧阳锋”等。在情节安排时都把内容相同、相似、相关的人物和事件设置在特定的时空内，巧妙地组合成三次交错与回环，这就是我国传统叙事中颇具代表性的“三叠式”结构，也是描写人物、事件时前后三次重叠变化的一种表现手法。它是“由中国古代口头故事创作演变而成的具有独特民族传统的叙事形式，‘三叠’中的每一‘叠’形式相似而内容层层递进，一层比一层精彩”[①]。在传统叙事中，这种模式有利于展开情节、刻画人物性格和表现主题思想，符合现实生活发展的逻辑和人们认识的规律。这种模式的形成跟口语的特征有密切关系，口语表达中情节的重复既可以帮助记忆，也利于厘清语脉。即兴口语是使用非正式的讲话风格说出来的，带有即时的、原生的特性，然而它又带有明显的套路。本节就来探讨一下即兴口语的特征。

一、即兴口语语境和时机的突发性

当我们潜心思考，当我们和别人窃窃私语，当我们朝窗外张望的时候，却被突然点名就某个问题发表看法；或者我们参加单位的一次座谈会，或者被合作部门邀请参加茶话会，或者参加即兴演讲比赛……有时根本不知道要讲话，而有时知道要发言也有了准备，但临近讲话时，话题被转换了，一切都发生得那么突然。

面对这类突发情况，口头语言运用者往往难以充分顾及对话情境及听众需求，故而在即兴发言时易出现无所适从的状态。在此情形下，他们需要依据现场实际状况搜寻恰当的素材，并迅速组织发言内容。此类紧急情况往往讨论议题纷繁复杂，但富有经验的口头语言运用者能够灵活应对，精准捕捉核心要点，快速整合思维，实现语言的即时转换，从而圆满完成临时演讲任务。

① 吴君梅．传统文化经典阅读融入高职普通话教学探索 [J]. 文化产业，2021（13）：38–39.

二、即兴口语存在的一维性

我们通常说时间是一维性的，而人们的口语和时间一样也是一维性的。哲学中的一维性即不可逆性，“声音的存在形式并非空间三维的，它不是具有一定长度、宽度、高度的现实存在的物质客体”[①]。口语是人类利用发声器官和听觉器官传递与接收信息的一种能力系统。时间是一去不复返的，口语的这种不可复返性也是由事物的发展过程不会绝对重复决定的。书面语则是人类利用文字符号和视觉来传递和记录信息的另一种工具。

声音是点、线，而不是面，不是立体的，所以不能在空间中展开。口语与书面语的主要差异体现在它们产生的思维方式及接收方式上。说话的人需要在持续不断的言语流动中挑选词语并形成句子，有着严格的时间约束，并且讲说人和聆听人都会有一个“即时记忆”的局限，也就是说在一个没有重复的口头交流过程中，每个人最多能记住七个到八个词语单元。对于口头语言而言，最显著的特点是它是非预先计划且不可储存的。人类的所有感知都发生在时间的维度内，然而声音与时间之间的关系较为独特，语音的存在一直是在消逝的过程中，除非录音、录像，不能被记载下来。

即兴口语的存在呈现为一个动态的过程，在连续的言语表达中，难以从语流中单独抽取出某个字或词。即兴口语在任何时刻均处于时间的流逝之中，不具备书面语所具备的静态特征。书面语中的字词可以被明确区分，而口语中的字、词、发音则构成一个相互作用的整体，这种相互作用甚至可能使其发生根本性的变化。

三、即兴口语组织的原生态性

在语言的发展史上，口语先于书面语出现，是原生态的语言，是自然的、鲜活的。书面语是对口语进行了加工和改造，因此更为精致。即兴口语的原生态可以解释为什么汉语口语具有用法上的潜在灵活性，因为说话人常常会在说话的中途改变意思或者重组句子，还有可能用很多代词来替换名词、形容词或者上下文的内容。“在汉语口语中，非完全句子占多数，还经常出现插入语和自我打断，语气词较多，句子结构松散。”[②]如下：

书面语：我今天早上买了一本姜老师的关于即兴口语的绿皮的书。

---

① 姜燕．即兴口语表达 [M]．济南：山东人民出版社，2013.

② 吴郁．主持人即兴口语特点探讨 [J]．语言文字应用，1995（2）：107–111.

口语：今天早上，我买了一本书，姜老师的，关于即兴口语的，绿皮的。

口语表达的特点与书面语存在差异，口语要求句子简短精练，结构相对简单，修辞性附加成分较少，并不严格遵循完整的语法规范；在口语中，零散的句子较多，完整的句子较少，连词、介词、动词等常有所省略；句式组织较为松散，停顿现象较为频繁。作为语言的原始形态，口语更为真实且直接地揭示了人类语言的本质与奥秘。

四、即兴口语应用的情境性

对于即兴口头表达来说，其重点在于理解并适应环境，而不是对语法规则的遵循。书面文字使用并不受语境的约束，相反，只有在特定的语境下才能正确地运用即兴口头交流方式。这种语境能够有效地决定言辞的具体含义，由于汉语口语缺少明确的语法标识，因此可以在某些情况下借助声音的力量替代语法功能。例如，可以调整某一词的重读、变换一句话的节奏或停顿，从而达到类似于语法标签的效果。相比之下，书面文字中的语法更为精确且固定，这是因为在书面语中，词的实际含义更多取决于其内在构造。

即兴口语具有很强的模糊性，这不仅表现为汉语口语中拥有大量的模糊词，而且反映在语言构造的各个部分。口语中客观存在的模糊性、会意性使汉语带有浓郁的民族特征，其他任何一种纯形式的语言规则都很难在汉语中得到贯彻，但是汉语口语特别适合对直觉、顿悟的思维类型进行表达。即兴口语往往把概念放进某个情境之中。口语更贴近活生生的现实和人生。在汉语书面语中的“椭圆”可能在口语中被“鸭蛋”所代替，情境性使口语更注重实用和情绪，而不是逻辑，因而三段论属于书面语，而谜语则属于口语世界。“汉语口语由于生存于高语境的社会中，因而对语境的依赖性更强。”[①] 据此可以推断，口语是一种群体性的语言交流形式，而书面语则不具备这一特性。相较于书写，说话是一种更为迅速的交流方式；与书面语作为个体内在运用的形式相比，口语呈现出群体性、活跃性和互动性的特点。

五、即兴口语传播的惯用性

口语虽然是即兴的，但学者早就发现口语传承中存在着一些语言公式。口头

① 闻益珑．浅谈即兴口语表达与播音员的关系 [J]. 新闻传播，2020（21）：88-89.

的表述常常包含大量的“重复”与“固定格式”，这些主要由口头交际的需求所驱动。临时的言辞通常是随意发出的，不同于经过多次修改或深入思考的书面文本。在口头上频繁出现的重复现象，也可能是由于听者对口头信息的反应方式是一次性的、无法回溯的，所以通过增加重复可以增强听众的理解力和记忆力，从而有利于信息传播。在汉语口语的传承过程中逐渐形成的“三叠式叙事结构”就是这样一种套路和程式的体现，也就是说“三打白骨精”“三顾茅庐”等著名情节都是源自口语传承中的“程式”。因外部有声语言诉诸听觉，留在记忆里的时间只有七八秒，在这之后记忆就会模糊不清、残缺不全，为了让人听清、听懂，一些重复是必要的。

古今中外，一些久久流传的民间故事和口头文学中的人物往往好坏分明、善恶易辨，这也是由口语传播的特点决定的。口头传承需要一个更鲜明的形象以便于表述和记忆，这也是口语套路性的一个突出表现。

六、即兴口语使用的具象性

即兴口语的词汇具有具象性。即兴口语在客观世界与我们的心灵之间搭建了互通的桥梁。即兴口语有着独特的民族具象思维印记。即兴口语以声音符号为中介进行创造，听者在聆听时通过联想和想象间接地体味、把握、理解客观世界和人类社会；即兴口语作用于人的听觉，激发起人的想象、联想、情感活动。善于使用即兴口语的人往往能够在言语过程中选用生动的具象性词语，并融进自己丰富、强烈的情感因素。

第二节　即兴口语与思维训练

即兴口语内部言语运动的实质是即兴思维。思维和语言之间有着不可分割的联系，思维是语言的内容，语言是思维的表现形式。即兴思维的过程是即兴口语的内容在内心浮现、组合的过程，也是即兴表达的思路形成和保持的过程。即兴思维是随兴而发的，用好了会带有“外射性”。它作为口语表达者内心的依据，会带动其运用外部的有声语言去抒发、去表露。即兴口语中语流的松紧疏密、高低起伏的变化，源于人们说话时的心理活动，是思维的需要，是感情的流露。只有语言的表达与思维的流程相吻合，才符合即兴口语的要求。

一、即兴思维与语言编码

即兴表达的构成是一个快速地将内部言语转化为外部言语的过程，需要在瞬间做到两点：思维迅速和表达顺畅。因此，即兴表达快速形成的实质就是快速思维的构成。思维的工具是语言，思维的原料是语言信息，语言是思维的外壳，是思维活动的外化表现。语言与思维有着密不可分的依存关系，同时互为促进与制约。思维品质的提高有助于即兴语言能力的发展。

（一）良好口语思维的要求

想拥有良好的即兴口语思维，就要从即兴思维的广度、深度和速度三方面来努力。

1. 即兴思维的广度

即兴思维的广度使口语表达者善于全面地看问题。假设将问题置于一个立体空间之内，我们可以围绕问题多角度、多途径、多层次、跨学科地进行全方位的表达。因此，有人将这种思维称为“立体思维”。

即兴思维的广度在口语中表现为语言表达的思路非常开阔：既能综观问题的整体，又能兼顾问题的细节；既能抓住问题本身，又能兼顾有关的其他问题。思维的广度在口语中可以表现为“深入浅出”和“浅入深出”。

2. 即兴思维的深度

即兴思维的深度是口语表达者在围绕一件事情进行表达时，能深入客观事物的内部，抓住问题的核心，即事物的本质部分，进行由远到近、由表及里、层层递进、步步深入的思考。

3. 即兴思维的速度

即兴思维的速度是口语表达者思维活动的反应速度和熟练程度，表现为思考问题时的快速灵活，善于迅速和准确地作出决定、提炼中心、捕捉要点、顺畅表达等。“即兴口语思维的根本特点就是它的迅捷性和暂时性。”① 迅捷性指即兴表达中的思维往往是即时、即景突然发生的，不是预期的。即兴思维要从总体上迅速把握语境，并支配口语表达者完整地表达思想。暂时性指即兴思维是暂时的、转瞬即逝的。因此，即兴思维要在很短的时间内叙述过程，表达思想，所以表达要简洁明快，尽可能地舍弃细枝末节。作为即兴口语的听众，其思维也具有即时性

① 於春．主持人即兴口语传播 [M]．北京：中国传媒大学出版社，2012.

的特点，即暂留性和一过性。

不少人在进行即兴口语表达时，由于担心思维不畅而采取套用现成表达模式的方式。这虽然有效，但会出现思维狭窄、表达不够生动的情况。要想从根本上提高即兴口语表达的水平，提高思维的速度非常重要。

（二）思维映像转化为线性语脉

口头语言的运行脉络，即语言的条理线索，是一种线性展开的脉络，是由若干个支脉结合而成的一个整体。相同的表达者在不同语境中有着不同的语脉呈现方式。

有经验的说话者会在即兴讲话时运用自己习惯使用的套路。如“三打白骨精”就是使用套路的典型例子。这类套路属于一种格式化的构思模式，说话者可以用这样的方式将自己的内部言语按照符合人们认知规律的逻辑方式表达出来。很多人的思维映像是平面化的，具象思维已经成为习惯，形象化汉字的使用本来就会强化这种图形状态，而英语之类的字母语言则不是。写英语时只能从左到右，但写汉字时可以横着写，竖着写，从左到右写，从右到左写，笔画不按顺序写……不添加任何提示直接把一篇文字拿给我们，我们看一下就可以知道该从哪个地方读起，而英语做不到。

具象思维已成习惯的人，其思维语言始终处于图形状态，这就意味着他们很难将“思维映像”转换为“命题映像”，使得他们即使心里有话也找不到头绪说，即空间思维难以顺利地转化为一维性的语言现实。我们都有体会，形象、具体、直观的事物要比抽象的语言更容易被记住。美国图论学者哈里有句话，“千言万语不及一张图”，说的就是这个道理；俗话说的“百闻不如一见”也是这个意思。大脑分为两个半球（即左脑和右脑）：左脑用语言来处理信息，把脑子里看到、听到、触到、嗅到及品尝到的信息转换为语言来传达，相当费时；右脑具有自主性，能够把创意图像化。因此，思维处于图形状态时，对即兴成篇是不利的，这就需要尽快地将图形思维转变为话语模块进行线性思维。在线性思维状态下，对整个视觉景象的描述，就像放电影一样，一帧接一帧地呈现场景，也就是将三维立体空间的视觉景象，转换为一维时间轴上一个个活动时间序列。在论述某种观点时，一个接一个的论证步骤与此类似。

可以这样理解，说话时能够在脑子里一次性形成语言模块的人，即兴表达能力更强；说话时需要将图形模块转化为语言模块，然后说出口的人，即兴表达能力就相对较差。因此，有意识地储存一些语言模块，有利于提高语流的顺畅度。语脉的运行方式是跌宕起伏的，是呈一维线性流动的，因而即兴口语表达有一定的难度，但掌握了语言的聚合习惯就可以从中找到规律。

二、思维种类与即兴口语的形成

对思维有很多种分类法。以思维探索问题答案的方向划分，可以把思维分为发散思维、聚敛思维、类比思维等。这些思维的样态都与即兴口语有着密切的关系。

（一）发散思维与即兴口语的多样性

即兴口语表达的生动灵活、旁征博引要依靠发散思维的作用。发散思维是人的大脑在思考时呈现的一种扩散状态的思维模式，是人的思路从某一中心向不同层次、不同方向辐射，从而引出许多新信息的思维方式。[①] 发散思维可以给即兴口语表达带来多样化的呈现形式。

1. 发散思维的思考方法

人的意识是一个层级反应系统，对于已经在这个连续体中获得反应经验的事物，一旦被感觉到了，就可以激活连续体各个层级的整体反应经验，这就是发散思维的原理。发散思维是从一个目标出发，沿着各种不同途径寻求答案的思维，表现出广阔的思维视野，呈现出多维的发散状。心理学家认为，发散是创造性思维最主要的特点。在即兴口语表达的过程中，发散可以使话语源源不断地展开，从而达成形象化的表述。发散思维也是口语表达者进行口头议论、说服、推理的重要思维方式。

发散思维的方法很多，如立体思维、多路思维等，有人把逆向思维等也归入发散思维。

2. 发散思维的训练

发散思维具有很大的创造性和主动性。训练发散思维能力，可以使讲话者思路流畅、善于应急变通、长于联想发挥，从而达到妙语连珠的效果。培养语言的语感，最终达到“内化语言”，这是理解和运用语言的过程。根据心理学家的研究，能“理解”语言和会“运用”语言，是个体学习语言过程中的两个不同层次。口语表达者运用的较高层次的语言，应该来源于课堂。

① 吴郁. 主持人思维与语言能力训练路径 [M]. 北京：中国广播电视出版社，2013.

（二）聚敛思维与即兴口语的凝练性

聚敛思维又叫求同思维，是一种以集中为特征的逻辑思维。聚敛思维是将许多新的信息围绕中心进行选择、归纳和重新组合，使原先零碎的、杂乱的信息组成系统的、条理分明的、相互联系的、脉络清楚的材料，并从中“摄取”有意义、有价值的东西的思维方法。其思维特点是以一个目标为归宿，将信息加以抽象，使之朝一个方向聚敛、集中，从而找出事物的共同点，寻求唯一的答案、规律或结论，类似于运用聚光镜使分散的光线聚集于一点。它和发散思维的相同之处是，在思维活动中，先要尽量多地占有信息材料，尽量地拓展思路，分析、把握、挖掘它们，并将其序列化。不同于发散思维的运动轨迹，聚敛思维不是从一个“爆炸核心点”向周边尽可能多的想象空间去发散，去创造更新的内容，而是从无数个分散的点向“核心”集中，把已知的信息、材料及可利用的各种因素向一处收束、聚焦。

（三）类比思维与即兴口语的生动性

类比思维也叫旁通思维或侧向思维、转移思维。类比思维是从两个对象在某些方面的相似关系中受到启发，或从其他领域离得很远的事物中获得启示，从而产生新设想，使问题得到解决的一种创造性思维方法。当一个人对某个目标孜孜以求时，他的大脑皮质里就会建立起一种优势灶，一旦这种思维受到某个偶然事件的启发，就容易产生与优势灶相联系的反应，这就是我们平时常说的触类旁通。

口语表达中新鲜、生动、形象、活泼因素的有无，除了跟口语表达者的知识面、想象力有关外，还取决于其思维转移能力的高低，即能否进行语言表达上的“触类旁通”。“触类旁通对科技发明有很大贡献，鲁班从一种能划破手的带齿的草得到启示，发明了锯，这就是类比思维起的作用。”① 在有线电报发明前，远距离传输信号衰减的问题无法得到解决，美国的莫尔斯由驿站换马联想到信号传输，于是沿线设立了若干个信号放大站。这一创造性设想得以实验成功，有线电报不久就成了远距离传输信息的通信工具。

在即兴口语表达中，类比思维可以带来形象化的表达和更通俗的描述。

1. 类比思维与口语表达

“类比思维是一种比较完善的思维方式，通过它，口语表达者会比较全面地

① 谢谦. 论“知行合一”在播音主持即兴口语表达中的作用 [J]. 新闻研究导刊，2020，11（10）：90–91.

表达自己的意思，表达路径也能做到简单易行。”[①] 语言是储藏信息和隐喻的巨大仓库，其潜力可以通过各种方式得到扩展、丰富，使一些看上去衰老的隐喻在瞬间恢复活力。一些通过类比思维打通的表达方式逐渐被固定下来，甚至成为流行语，如“流水账”“作业瓶颈”“打酱油”“吃瓜群众”等，都包含着极为丰富的隐喻。

与口语表达有关的类比思维包括以下两方面的含义：

一是联想。当我们的思维受到新信息的刺激时，会自然而然地引发对过去所积累的知识、经验以及相关情景的回忆和思考。这种回忆和思考是建立在已有认知基础上的，它帮助我们理解和整合信息，从而形成新的认知和理解。

具体来说，当我们接触到一个新的概念、事物或现象时，大脑会迅速地在记忆中搜索与之相关的信息。这个搜索过程就是联想的过程。通过联想，我们可以将新旧信息进行对比和联系，从而更好地理解和掌握新信息。例如，当我们第一次看到某种新型的电子设备时，一般会联想到之前使用过的类似设备，通过比较两者之间的异同，能够更快地学会如何使用这种新型设备。

联想不仅仅是简单的回忆，还包括对已有知识的重新组合与创新。通过联想，我们可以将看似不相关的信息联系起来，从而产生新的想法和见解。这种能力在科学研究、艺术创作以及日常生活中都具有重要的意义。因此，培养和加强联想能力，对于提高我们的思维能力和创新能力具有重要的作用。

二是类比。类比思维不仅能激活我们的想象力，还能触发启示，从而提高猜想的可靠度。通过将两个看似不相关的事物或概念进行比较，类比思维能够帮助我们发现它们之间的相似之处，进而激发新的思考角度和创意。类比思维的启示性在于它能够引导我们从不同的角度看待问题，打破固有的思维模式，从而找到新的解决方案。同时，类比思维的可靠度较高，因为它依赖于已有的知识和经验，能够在一定程度上保证猜想的合理性。因此，类比思维是一种极具价值的思维方式，值得我们在各个领域中广泛应用。

2. 类比思维使用的合理性原则

触类旁通得先把那个“类”找到，然后才能旁通。类比思维的“类”非常重要。进行类比思维时应当注意以下两个基本原则：

一是类比所依据的相似属性越多，类比的应用也就越有效。这是因为两个对象的相同属性越多，意味着它们在自然领域中的地位就越接近，这样就更有可能合乎实际地推测出两者其他的属性也相似。如果把性质不相关的事情说到一起，

① 周云．主持人即兴口语表达 [M]. 北京：中国传媒大学出版社，2016：113.

就不是正确的类比思维，甚至会出现“雷人”语言。

二是类比所依据的相似属性之间越相关联，类比的应用也就越有效。因为类比所依据的许多相似属性，如果是偶然的并存，那么推论所依据的就不是规律性的东西，而是表面上的东西，结论就不大可靠了。如果类比所依据的是现象间规律性的东西，不是偶然的表面上的东西，那么结论的可靠性就较高。当然，一些带有诡辩和搞笑性质的推论，在某些特定的口语表达场合还是很受欢迎的。

三、创造性思维在即兴口语中的应用

即兴口语表达最怕的是话题无法展开，说几句之后就没有话说，这时可以采用创造性思维来解决这个问题。这一部分将把几种思维方式和即兴口语表达的一些具体方法结合起来进行阐述。

（一）类比思维——联想法

有些话题孤立地去谈容易显得枯燥、平淡，但如果展开联想，由这个事物想到与之相关的另一个事物，在它们的相互联系中去发掘事物的本质、突出事物的特征，这样不仅可以使表达层层深入，而且可以使思路变得开阔。

联想法就是从一点出发，利用事物间的相似、相关、相反的横向联系，或者过去、现在、未来的纵向联系，进行由此及彼想象的思维过程。看到一个话题或者一个事物，可以从以下两方面打开思维，展开联想：

横向：相似—相关—相反

纵向：过去—现在—未来

可以把联想法分为以下四种类型：

1. 古今联想型

从古到今，从今溯古，这种联想脉络性强，有连贯性，使我们在进行即兴表达时能够轻松掌握其逻辑，从而显得条理清晰。古今联想型不仅有助于我们理解历史的发展脉络，还能帮助我们在现代社会中找到解决问题的新思路和新方法。

2. 类似联想型

某几个事物由于具有相似的特点或本质，因此在联想的时候可以成串地连起来。

3. 对比联想型

对比联想型依赖于事物之间的对立性质来激发联想。通过将具有相反特征的事物进行对比，我们可以更容易地发现它们的独特之处，并从中获得新的认识和灵感。例如，光明与黑暗、快乐与悲伤、成功与失败等。这些对立的事物能够通过对比联想，帮助我们更深刻地理解它们各自的含义和价值。

4. 因果联想型

因果联想型是指由一个原因导出某个结果，这种联想非常自然。

在进行即兴表达时，恰当地运用联想技巧是非常重要的。然而，这并不意味着我们可以毫无节制地将脑海中所有浮现的想法一股脑儿地倾泻而出。相反，我们需要在表达过程中精心挑选和组织这些联想内容。首先，我们必须确保这些联想内容符合所讨论事物的基本特征和属性，以保证表达的准确性和相关性。其次，这些联想内容应当遵循生活中的逻辑和常识，避免出现荒谬或不切实际的描述。最后，我们应该选择那些具有深远意义和价值的内容，力求在表达准确的基础上，进一步提升语言的美感和思想的深度。通过这样的方式，我们的即兴表达不仅能够丰富和生动，还能在听众心中留下深刻的印象，达到更好的沟通效果。

（二）发散思维——分类法

有的话题看上去很容易，但往往说几句之后就不知再说什么了。面对比较抽象的话题，笼统地谈很难展开，可以利用发散思维将所要表达的内容进行一定的分类。例如“谈微信”，这个题目大家都不陌生，但越是看上去简单的题目往往越难以深入展开论述。遇到这种情况，采用分类法就简单了，可以分为“微信可以干什么”“微信带来的好处”“微信带来的弊端”“微信的发展前景”等。

同样一个话题，因为有了分类，可供表达的内容就一下子变得丰富了。分类不仅可以打开思路，而且可以让人把问题看得更加深入。分类法是从不同角度认识事物的性质，把抽象的论题具体化的好方法。

（三）发散思维——层递法

层递法是一种利用发散思维，把论题加上其他成分进行变形思考的方法。有些概念比较抽象，可以采用“层递”的方法，使表达层层深入。

层递法可分为以下两种方式：

1. 增加定语

随着讨论的深入和论题的逐步展开，我们可以通过不断增加更多的定语来丰富和细化表达。这样一来，表达的思路就会不断地向前推进，变得更加具体和详细。与此同时，表述的范围也会逐渐缩小，变得更加聚焦和精确。通过这种方式，我们能够更有效地传达观点和信息，确保听众能够清晰地理解我们的意图和论点。

2. 扩展话题内容

将一个抽象的话题具体化，可以使我们的思考过程更加清晰，从而帮助我们更好地理解和探讨这个话题。具体化的过程能够让我们从多个角度去审视问题，避免陷入模糊或笼统的思维陷阱。通过具体化的手段，我们可以将抽象的概念转化为实际的、可操作的元素，这样不仅有助于我们更全面地分析问题，还能使我们的表述更加详尽和具体，从而达到更好的沟通效果。在使用层递法时应注意两种情况：一是不要转移论点；二是增加成分以后的概念只能作为分论点，以免论点不集中。

（四）发散思维——阐述法

阐述法，也就是我们常说的举例法，在阐明一件事情或一个事理时，可以借助举例子这一方法来打开思路。通过使用自己熟悉的、听众感兴趣的、新鲜的、个性化的例子，可以有效地增强论述的说服力和生动性。举例法能够使抽象的概念具体化，使复杂的理论简单化，从而使观点揭示得更鲜明、更充分。举例时，可以选择生动的故事、具体的案例、形象的比喻等，这些都能帮助听众更好地理解和接受我们的观点。举例法不仅能吸引听众的注意力，还能增强他们对内容的记忆，使整个论述过程更加生动有趣。因此，在阐述观点时，合理运用举例法，无疑是非常有效的。

（五）逆向思维——反谈法

在我们的日常生活中，有许多问题看似已经得到广泛的认可和共识，然而，如果我们深入地、细致地去分析这些问题，往往可以发现一些新的视角和见解。这种通过逆向思维来提出新的创意和观点的方法，被称为“反谈法”。例如，我们常常听到这样一句古老的谚语：“近朱者赤，近墨者黑。”这句话已经流传了1000多年，被广泛接受。然而，如果我们运用逆向思维，深入思考，就会发现这个观点虽然强调了环境对人的影响，但它也有一定的局限性。因为外在因素必须通过内在因素才能发挥作用，所以我们完全可以得出一个全新的结论：“近墨者未必黑。”这个新的观点强调了每个人都应该加强自身的修养，做到“出淤泥而不染，濯清涟而不妖”。

然而，在运用反谈法时，我们必须注意，不能仅仅为了标新立异而刻意制造一些没有事实依据的观点。否则，这种做法就不再是创新思维，而只是哗众取宠，失去了真正的价值。

第三节 即兴口语语流失畅的矫正

一、口语的线性和文本意识的阻碍

许多人的口语，其实都受文本的潜在影响。自科举取士以来，逐渐形成了一种“重文轻语”的风气。“语是口头语言，文是书面语言。汉语口头语言是第一性的，是书面语言的基础，即‘文本基于语言’。”① 人们在正式场合进行即兴表达时常常下意识地想着文本，这是导致口语不流畅的关键原因。

（一）舍弃文本意识

即兴口语的重要标志就是无稿、线性流动，属于动态语境。动态语境往往会与文本话语产生矛盾，当即兴表达处于“依据文本”和“依据语境”这“两难”境地时，容易导致表达者话语失畅。因此，在即兴口语表达中，应当特别注意将文本意识置换为现场意识，一切服从于语境，让文本为现实语境服务，这样才可能做到语流顺畅。口语对人的思维敏捷性有更高的要求，在进行口语表达时，要根据语境的不同和听者的反应随时对口语做出调整，以使口语的单向表达或者双向交际得以顺利进行。

1. 文本感觉对即兴口语的干扰

口头性实际上是语言最为本质的特征之一，早在文字被发明之前，人类的口头创作就已经达到了一个非常发达和成熟的阶段。正是口头创作的繁荣，使得像《荷马史诗》这样的伟大作品诞生，并且成为后世难以企及的典范。这些史诗作品不仅在内容上丰富多彩，而且在形式上也展现了极高的艺术成就。它们通过口头传播的方式，代代相传，成为人类文化遗产中的瑰宝。

从古代口耳相传到纸笔传书，再到今天的全媒体语境，人类交流的速度、频度、广度等发生了巨大变化，人与人之间的交流空间似乎变小了，形成了“天涯若比邻”的感觉。随着电子技术的日渐发展，图像和视觉的重要性逐渐大于声音和听觉，“读图时代”的到来似乎使人们用有声语言与他人交流的欲望日渐消退。没有受到文字影响的口头语言是“原生口语”，与之相对的是有文本依托的“次生口语”。“次生”的意思是第二次生成的、间接造成的、派生

① 吴启主. 现代汉语教程 [M]. 长沙：湖南师范大学出版社，2003：10.

的，如朗读、有稿演讲、电影对白等都是比较典型的次生口语。语言植根于口语，本应通过语音来刺激听觉系统达到交际目的，文字却总是把语言禁锢在视觉领域。

2. 即兴口语句式的舍弃文本选择

从口语语态上讲，人们的口头语言多使用简短的句式，这是因为简短句式符合口语传播的经济原则和求美原则。长句子句型复杂，包含的意思多，信息量大，一时难以让别人听明白，口语表达者自己也难以把握。短句子更能表现出口语表达者的语气、声调、感情和神态。汉语为单音节的语言，相对于复杂的长句子来说，短句子能更好地被掌握和表达。

（二）使用超前处置

超前处置是使即兴口语保持流畅的重要技巧。超前处置能力是口语表达者流畅语感的重要表现。很多口语表达者在进行口语表达的过程中可以预见自己会“卡壳”。当预感要“卡壳”的时候，可以减缓表达的速度，插入几句相关的话语，力争绕过暗礁，也可以暂时把“忘点”冻结，小跨度超越，想起来后再作“补证”；如果脑子里记忆信号完全乱了，就要当机立断，丢掉原来的框架，减慢语速，重新组织表达。

在口语翻译的“同声传译”中也有一些技巧，如“适度超前”采用的就是这种超前处置方法。同声传译中的“适度超前”就是口译过程中的“预测”技能，就是在原信息还不完整的情况下，翻译者对发言人可能要讲的内容进行“超前翻译”，从而赢得时间，紧跟发言人进行同步翻译。

（三）即兴口语追加和附加技巧

即兴口语是线性的、单向的，具有不可逆性，因而在表达中不可避免地有粗糙和单薄的地方，为了弥补这种不足，就需要一些追加和附加的手段。这里要说的“追加”就是即兴口语中为了弥补过失、避免误解、保持通畅而使用的常见又有效的手段。

1. 追加是积极调控意识支配下的语言修补手段

追加是对即兴口语表达中信息存在方式的灵活调节，是口语表达者根据语境的需要，对说过的话做追补或加工的方法。适度追加是积极调控意识支配下的语言修补手段。它有许多作用，如强调话语重点，以引起听者对某个信息的关注；整理某些不规则表达，使之更完整；补充前述遗漏的地方，使之在表达上更加周密；排除语境干扰，提高语言信息传播的有效性；对某些模糊表述予以及时更正，以免造成误解等。追加的类型包括以下几种：

（1）重复性追加

重复性追加是对说过的话不做什么改动，在适当的地方再强调一遍，包括连续性重复追加和间隔性重复追加、整体归并性重复追加和局部选择性重复追加、自述性重复追加和转述性重复追加等。

重复性追加是在重要报告以及教学活动中常见的语言样态。它可以强调重点或难点，使听者听得懂、记得牢，也可以起到调整表达的作用。

（2）复释性追加

复释性追加是口语表达者对说过的话换一个角度或方式加以解释或强调。[①]它不是单纯的词语反复，也不是仅仅追加几句修饰限制的内容，而是换一种说法以使语义表达更明确。复释性追加如果用在课堂教学语言中，可以使学生理解得更透彻、记得更牢。在课堂用语中，有的教师喜欢说“就是说……”“或者说……”，这样的用语可以看作复释性追加的一种“标记语”。

（3）归并性追加

归并性追加是口语表达者在语言表达的过程中，对自己前面说过的话进行有选择的类聚和归纳。归并性追加的目的是强化印象，因而在一些重要报告、讲话以及讲课中比较多见。在日常对话中，父母对子女进行叮嘱时，归并性追加也比较常见。

（4）增饰性追加

增饰就是增添、修饰的意思。增饰性追加一般是有意将一句话、一个意思分开来说，先做一般的概括，然后追加修饰词句。在口语表达中，增饰性追加就是对刚说过的话随机补说几句，增添一点儿被忽略或遗漏的内容，或做一点儿必要的强化修饰。它使紧句变为松句，舒缓了表达节奏，也有助于增强表达效果。

（5）自纠性追加

自纠性追加是指口语表达者在表述过程中，发现自己所用的词语或句子不够恰当或准确时，所采取的一种补救性措施。在这种情况下，表达者会立即对自己的话语进行修正或补充，以确保信息的准确传达。有时，这种自纠性追加也可以表现为立即更改说错了的词句，从而避免可能的误解或混淆。这种自我修正的能力不仅体现了表达者的语言敏感性和应变能力，还能有效地提升沟通的效果和

① 应天常，王婷．主持人即兴口语训练 [M]．北京：中国传媒大学出版社，2014．

质量。

（6）示错性追加

在某些情况下，口语表达者故意把话说错，然后自己纠正。这种追加以“示错”的方式出现，可以形成幽默的语用效果。

即兴口语中的追加是积极修辞的有效手段，是为了体现语义表达的缜密和对“侧重面”的强化。结合语境，运用多种方式的追加是对信息存在状态的一种控制。因为在即兴语流中，一条单线下来很难说得全面，所以就需要恰当运用追加来完善表述，但追加不可滥用，多了就成了冗余的表达。

2. 附加语的作用

附加语是即兴口语中的一种常用口头语。附加语不是口头禅，但某一附加语重复多了就成了口头禅，所以两者的界限有时并不太好划定。附加语是经常用于即兴口语中的某个词或词组，具有某种潜在的争取时间、延宕话语、前后呼应或舒缓语气的作用。

附加语是即兴口语中的一种常见语言标记，本身比较中性，它的利与弊要看其在话语中使用的“度”。以即兴表达为职业的人，如主持人、外景记者、律师、新闻发言人、教师、导游等，要注意附加语的使用频率，冗余单调的惯性附加语只会滑向口头禅的误区。

（四）降低语言冗余度

语言量丰富但语流质量不高的一个重要原因就是语言冗余度过高。

具备张口就说的即兴口语能力是一件好事，但即兴口语丰富并不意味着它可以无限生成。无限生成是即兴口语表达中的不良习惯，是以极少的语料使言语无限扩张，利用言语生成的递归性产生大量语言垃圾的冗余现象。

语言冗余现象容易出现在某些以口语表达为专业的人身上。例如，播音主持专业的学生在备考受训的过程中特别容易练出无限生成废话的能力。在“能说”的基础上，“语言是为了表达观点或展示信息点的，而不是为了掩饰思想的贫乏”①。

降低语言的冗余度，就要控制即兴口语的无限生成。即兴口语表达中语言冗余度过高主要由以下四个原因造成：

第一，准备不足。在进行即兴口语表达之前，口语表达者并没有做好充分

① 丁玎．广播电视即兴口语的要求研究 [J]. 传媒论坛，2019，2（10）：61-62.

的准备，开始说话之后，思维点聚集不起来，结果导致语言冗余。还有一种准备不充分的表现就是由于担心讲话时间不足，因而语言追加过多，增饰不断，造成冗余。

第二，思想不集中。在进行即兴口语表达时，口语表达者思想不集中，随想随说，言不及义，于是随时再加上几句，造成语言冗余。这种状况通常会被口语表达者自我定义为“状态不好”或者“不在状态”。

第三，追求完美。口语表达者追求完美是好事，但是口语表达毕竟有粗略性的特点，在表达中过于追求完美，希望面面俱到，反而容易在语言上造成冗余。

第四，受口语表达不良习惯的影响。有的人受周围人话语习惯的影响，本身带有口头禅。在即兴口语中习惯性的附加语、口头禅太多，就会造成语言系统中垃圾过多，导致冗余。

对于真正善于表达的人来说，其过人之处就是擅长对信息系统进行调节和控制，擅长对语言信息存在方式进行设计和对信息交换过程进行优化。如果即兴口语语量丰富却语质低下，将初始思维用即兴语言一股脑儿地倒出来，这其实就是自我语言形象展示的一种失败。

随时开启搜索引擎搜集信息点，紧扣信息点，对于精练表达、降低冗余度非常重要。人们的感性话语只是表达的一层外衣、一个载体，口语表达最重要的还是寻求外表之下的根本、载体之上的内容。

二、言语缺失

有人在较为正式的场合说话时会出现这种情况：开始比较流畅，但中间突然中断，变得语无伦次，或者“卡壳”，瞬间找不到合适的词或组织不起整个句子，这就是言语缺失。言语缺失在许多人身上都发生过，这种表达障碍带来的直接影响就是话语中断。言语缺失轻则出现“卡壳”现象，重则表现为“大脑空白”，从而造成“言语休克”。言语缺失通常是由调取失败或组接失控造成的，这对即兴口语有很大的消极影响。

（一）语料不足导致言语缺失

平时我们的语言资料都以块状的方式储存在语料库，一些相近的还会放在固定的语言格里。讲述者在表达过程中为表述一个现象或看法，会从个人的语料库中直接调取与话题相应的词语，这就是即兴表达中的“调取”环节。然而，当语料积累不足、语料库贫乏、词语严重短缺时，就会出现“巧妇难为无米之炊”的调取失败情况。

成年人，尤其是现在大量接触网络和书籍、报刊且受过教育的成年人，其语料库中的词是不会少的，但关键时刻往往调不出来，因为词语在作为口语使用时会出现“受限”的情景，即大量的词语平时总是尘封在某个角落，有的甚至从未被激活，临时要用时当然想不起来。调取在即兴表述过程中是与其他环节同步进行的，只有词汇丰富、语言表达能力强的人才可能一次调取就准确成功。仅从即兴语言使用的角度来说，一些相声演员、脱口秀节目主持人等均是调取语料的高手。他们不仅能从相近的语言格中调取语料，而且擅长从相隔很远的语言格中调取语料。

（二）语料组接失控导致言语缺失

语流断档很重要的一个原因是语料不足，但在语料充足的情况下仍然可能出现语流断档，这就是语料组接失控。造成语料组接失控的原因还是在于调取环节：有时虽然口语表达者“触到”了某个想用的语料，但在表达的瞬间，他调取到的往往并不是特别清晰的词语，而是一些模糊的、平面化的东西。在即兴口语的内部言语阶段，我们脑子里只是一些“语点”，要完成即兴口语，就要把“点”连成“线”。将内部言语阶段脑子里形成的“语点”，按一定的语法规则选择适当的词语，将简略的信息点快速地编码、丰富、扩展为完整的句子，并清晰地表述出来，这才是顺利的组接过程。任何一个环节出现问题都会造成组接失控，轻度的组接失控会造成词语搭配不当，就是俗话所说的“前言不搭后语”，重度的组接失控会导致即兴口语中断，使口语表达者进入言语休克状态。

（三）完善语料建构以弥补言语缺失

人们之所以可以顺畅表达，是因为脑子里有一个丰富、完善的语料库。当一个人听到一个词的时候，该词所有语音上的邻词都会被激活。当内部言语以某个词或词组表示要表达的某种思想时，网络中的这个词就会处于兴奋状态。同时，兴奋会沿着网络的通路自动扩散到邻近的节点，提高这些节点的激活水平，降低它们被接通的阈限。

1. 口语表达者心理词库的丰富、扩展和即时调用

每个表达者都建有一个心理词库，这是一个储存浩瀚词语信息的仓库，是讲述者头脑中储存的与口语有关的所有词语及相关信息的总和。在需要瞬间提取

储存在头脑中的词语时，口语表达者要在流畅的语流中 1 秒钟说出 2～3 个词语，且不能有选择性错误。数量巨大的词语及其迅捷的提取速度都说明组成一个有机词库系统的重要性，这些语料库中的词语在口语表达者的头脑中组成一张巨大的、多维的网，其中每个词语都与许多其他的词语联系在一起。大部分词语是正常选用的，但有时由于特殊语言效果的要求，比如相声的表达要进行语言偏离时，还需要以非常规的手法调用。这就要求口语表达者在积累阶段注重丰富和扩展自己的心理词库，不然容易出现调取失败或组接失误，从而导致言语缺失。说话人的心理词库越丰富，调用起来就越得心应手。

2. 口语表达者语言格的构建及有序提取

在词语检索过程中，言语缺失的产生往往源于调取失误或者语义区域内其他的表述方法被错误地激活。

说话者能在一瞬间从包含数以万计词语的心理词库中检索到某个词，这说明词语的存储是有序的。在词语检索过程中，如果外部刺激错误地激活了这一区域内的另一个语义相关的词，就会发生语义提取错误，导致语义偏离；语音提取错误则表明大脑中还有一个语音区，如果检索已到达语音区域，但外部刺激错误地激活了这一区域内的另一个语音相似的词，那么语音错误就产生了。可以通过对“嘴边现象”“词语换位”“失言”等言语错误的分析，厘清人们是如何理解词意或提取语言信息的。

每个人都有一个心理词库，说话人会从心理词库中选择适当的词作为说话的内容，但遇到两个或者几个词同时符合说话要求时，就会发生碰撞。碰撞发生时，并不一定是说话人心里筛选出来的两个词产生的冲突，还包括我们看到的、听到的词与我们要说的话产生的冲突。这时，两种感官刺激同时作用于大脑，就会产生冲突。这种现象往往发生在语义相近的词语之间，这表明相近的词在词库中是储存在同一区域的。如果口语表达者在从脑子里提取语言材料组织话语时发生了冲突，想要使用的语言形式部分地被替代，就会产生负偏离。在心理词库理论的基础上，可以把我们的语料库理解为一个个语言格的放置处，具有相似特征的语音、词汇或语法单位被放在同一个语言格内，它们平时按需排放，需要时就随时调取出来。负偏离的发生多是由于处于相同或相近语言格内的语言单位之间发生了冲突，从而产生了不正确的表达形式。说话者应当从心理上扩大这些具有相似性的语言单位的差异性，以减少相似特征在心理上的负面作用。

人的“心理词库”是由许许多多平行的、交叉的、带有包含和被包含关系的语言格构成的。说话人可以在心理上缩小每个语言格内所包含的内容，并将每一个语言单位及其所包含的信息明确化，然后通过着重强调具有相似性的语言单位之间的差别，以扩大不同语言单位之间的差异性。具体来说，就是相应地补充自己不熟悉或是容易出错的部分的知识，以此做更细致的区分。

（四）言语缺失的艺术化规避

中规中矩地调取词语，有时反而没有多少表现效果，一些非常规使用反倒可以避免语言缺失，同时增强表现力。其中，最突出的要数即兴口语运用中的“偏离”和“模糊”手法。

1. 口语表达语词偏离的非常规调用

即兴口语表达的语言应该是规范的，然而如果始终中规中矩，反而可能会使听众乏味。随着信息社会的不断发展、网络的普及，以及现代人知识水平和综合素质的普遍提高，即兴口语在表达时，无论是纵向还是横向的联系空间都被大大拓宽，语词的偏离和变异频率也随之提高。时事的发展变迁总是很快地折射到人们的口语中，人们追求个性化语言以及体现自我创造性的需要，使“很多人的语言观已自发地倾向于反常、求新和不对称，他们的语言冲破了规范模式的约束，凸显出动态的美感，显示了现代文明生活的丰富多彩”①。

2. 口语表达语词的模糊使用

面对包罗万象的客观世界，采用模糊表达法，借助较少的语言单位表达最多的信息是个明智的选择。汉语丰富的意蕴及单音节、双音节词的构成特点，使得在原生口语中，说话人会在词项空缺或缺少特定的信息时用模糊语言来救场，这是语言模糊性存在的内在原因。

三、即兴口语中的口误

人们在即兴口语表达中往往会追求没有失误的“理想言语”状态，但这种理想言语只有在机器操作中设定了某些程序才有可能实现，由人脑生成的自然言语是很难达到这种理想状态的。在口语表达形形色色的言语失误中，口误是最常见的形式之一。

言语失误是在连续性的言语之中语言的一种失误性使用，不仅包括口误的各种形态，如增减、归并、混合、先置、滞后、互换、颠倒、替代等，还包括说话

① 丁玎．广播电视即兴口语的要求研究 [J]. 传媒论坛，2019，2（10）：61-62.

时无意间出现的结巴、迟疑、停顿、重复，以及心理、认知、社会、文化因素而导致的不恰当的话语等。口误是言语失误中的一个重要组成部分，是没有语言障碍的人在口语表达中偶然不由自主地偏离目标言语形式的失误现象。

（一）即兴口语中口误的表现形式

按照语言单位内部成分的关系，即兴口语中常见的口误可以分为先置、滞后、互换、颠倒、替代、混合、归并、增减等类型。

1. 即兴口语中的先置口误

在即兴口语表达过程中，一个将要说出的语言成分干扰或取代了一个正要说出的语言成分，这就造成了先置口误。先置口误包括即兴口语中的声母先置、韵母先置、声母 + 韵母先置、声调先置、韵母 + 声调先置、单音节先置、多音节先置等形式。

2. 即兴口语中的互换口误

即兴口语中的互换口误是指表达中前后两个成分互相交换位置。互换的两部分一般属于同一范畴，如声母与声母互换、韵母与韵母互换、名词与名词互换、动词与动词互换。互换口误包括音节成分互换和语素、词、词组互换两大类。

3. 即兴口语中的混合口误与归并口误

即兴口语中的混合口误，是说话者的语料库中两个竞争待选的语言成分在调取时出现失误，各取了一部分合并为一个成分说出的结果。例如，有人想喝汽水，在冷饮摊本来想说“来瓶汽水”，不料看见面前柜台上放着的啤酒，说出来的是“老板，来一瓶啤水”。

在即兴口语中，从构成一个大成分的两个相邻的小成分里各取一小部分结合成一个成分说出，这就是归并口误。混合口误好比是两根绳子各取一股拧成一根，归并口误就好比是两根绳子各取一段接成一根。

（二）即兴口语中口误的产生原因

即兴口语的生成是个复杂的机制，任何一个环节出了差错都可能导致口误的发生。下面从四个不同的语言阶段分析一下口误产生的原因：

1. 即兴口语的动机和意向阶段：潜意识的干扰

动机和意向是即兴口语产生的起点。按照弗洛伊德的解释，每个人都有表述自己意念的动机和愿望，但说话人并不认为自己所有的意念都应该被别人了解，那些不应被表达出来的意念就被压制在潜意识里，理想言语所表达的仅是口语表达者想要表达出来的意念。但当口语表达者精神紧张、注意力分散或处于疲惫和焦虑等状态时，伴随着压制力量的放松，干扰的意念就会跳出来，替代说话者有意识的意念，导致言语失误的发生。弗洛伊德把所有口误都看成在潜意识中被压制的意念入侵到有意识的言语输出的结果，并且强调，心理动力因素可以使某些内容比别的内容更容易出现。

在人的潜意识中，心理倾向是导致口误发生的一个重要因素。如果某人在说话时带有某种心理倾向，就可能在言语表达中流露出来，造成口误。一对情侣准备打车，恰好路过一个水果摊，女孩看到水果摊上的菠萝，产生想吃菠萝的心理倾向。女孩本来想问男友“你还有钱坐车吗”，结果却说成了“你还有钱坐菠萝吗”，说话时不自觉地把“坐车”说成了“坐菠萝”。可见，心理倾向会影响人的正常认知，并成为口误的诱因。

2. 即兴口语的内部言语阶段：词语提取失误

当人有了言语的动机和意向后，就会进入内部言语阶段。在这一阶段，说话人从心理词库中提取所需的词语，作为下一步组合造句的材料。语音口误往往发生在语音相近的词语之间，这表明语音相近的词在词库中是存储在同一区域的。语义口误则表明大脑中还有一个语义区，如果外部刺激错误地激活了这一区域内的另一个语义相关词，语义口误就会发生。由此可见，语音相似的词集中存储在语音区域，语义相关的词集中存储在语义区域。人脑中至少存在着两个有组织的区域——语音区域和语义区域。心理词库的区域性正是词语存储的一个重要特点。

3. 即兴口语的深层句法结构阶段：句法转换机制失灵

乔姆斯基的转换生成语法理论提出了深层结构（deep structure）和表层结构（surface structure）两个概念：“深层结构决定语义，表层结构表示交际中使用的句子形式，决定句子的语音。”① 句法在转换过程中容易出现错误。

4. 即兴口语的外部言语阶段：语音相似性的干扰

外部言语阶段是即兴言语产生的最后一个阶段，说话人将已经转换好的表层结构扩展为外部言语，以有声语言的形式表达出来。但很多时候说话人已经准备好了要说什么，发音时还是可能会出现差错，这一阶段导致口误产生的原因主要是词语在语音上的相似性。语音相似的词或词组在心理词库中处于相近的位置，即使在从心理词库中提取词语时没有发生失误，也可能在发音时出现差错。因为

---

① 南世锋 . 浅谈乔姆斯基的转换生成语法 [J]. 湖北广播电视大学学报，2009，29（3）：106-107.

发音相近的词语在表达时，唇形、舌位等也会有近似性，说话人一时“舌头转不过弯来”，就会产生口误。

（三）减少即兴口语口误的方法

许多人觉得，口误的发生是舌头一时转不过弯所致，是非常偶然的，说话人几乎捕捉不到要发生口误的任何信息，所以是不可避免的，但口误发生的原因存在普遍性规律。口语表达者无法通过改变语言的各种特性来避免口误的发生，但是针对导致口误发生的各种主观方面的原因，口语表达者可以有意识地控制自己的言语行为，使影响言语的各种因素朝着对自己有利的方向发展。

1. 集中精力，保持良好的思维状态

紧张、激动、生气等情绪很容易导致思维的不畅、阻滞、跳跃或空白，从而引发口误。增强注意的稳定性，锻炼情绪控制能力和语言控制能力，做到在各种环境下都保持思维的顺畅和语言的流畅，可以降低口误的发生频率。

过度松懈也是导致口误发生的重要原因：注意力没放在谈论的话题上，说话过程中出现了其他的人或事，被其他信息干扰，说话人注意力分散，口误就容易发生。在交谈的时候集中精力，口误就会减少。

2. 放慢语速，保证充足的思维时间

语速越快，口误的发生频率就越高。语速较慢的人出现口误的概率相对较低。一些人在重要场合讲话时内容准确鲜明，极少出现口误，这和他们说话时语速较慢存在一定的联系。

3. 增加认知，扩大不同词语的心理差异

在语音、语义等方面有某些相似性的词语在心理词库中处于相近的位置，说话人从心理词库中提取材料组织成语句，如果提取的词语出现冲突，就容易造成口误。不仅语音相近、语义相近的词会出现提取冲突，语义相关、相反，句式相近等都可能导致提取时出现冲突或替代。所以应当扩充心理词库，把适用范围扩大到所有的语言单位。为了减少“错误提取”情况的发生，可以从心理上扩大这些具有相似性的语言单位的差异性，从而减少其相似特征在心理上的干扰。

有些人在普通话与方言的转换时容易出现口误，有些人在跨文化交际中因为习惯的力量强而容易脑子转不过弯来，这时可以通过适当补充相关知识来减少口误的发生。

虽然不能为了减少口误而不说话，但假如对某个领域的语言内容不熟悉，那

么在谈话时避免涉足该领域也是减少口误的一个方法。避免谈论不熟悉的事物，将话题转到自己熟悉的领域，可以降低口误出现的概率。

4. 平定情绪，保证良好的即兴口语状态

人在情绪不稳定的时候容易出现口误。在说话时适当控制自己的情绪，遇事沉着冷静，对于减少口误的发生很有帮助。

从说话者的个人状态来看，当说话者处于疲劳、醉酒或是着急、烦躁的状态时，出现口误的频率较高。因为在这样的状态下，大脑神经不能高效地进行语言编程，或者不能有效地支配语言器官。所以，保持身心健康、保证良好的表达状态也能有效地减少口误的发生。

第四节　即兴口语表达能力提升

针对即兴口语表达能力的提升，我们可以通过一系列有针对性的训练方法，迅速且有效地提高个体在即兴口语表达方面的技能。特别是即兴演讲和即兴评说这两种简单易行的训练形式，尤为适合用于提升即兴口语表达能力。这些专项训练不仅可以显著提高个人在日常生活中面对各种情境时的即兴口语表达水平，还能帮助他们在面对突发事件或需要迅速反应的场合时，更加从容不迫地表达自己的观点或想法。此外，这些训练形式还能培养个人的思维敏捷性和语言组织能力，使他们在表达时更加条理清晰、逻辑严密。通过不断的练习和实践，个体能够在各种社交场合中更加自信地进行即兴口语交流，从而在工作和生活中取得更好的沟通效果。

一、即兴演讲专项训练

即兴演讲是在特定的主题和环境的诱发下，自发或被要求立即进行的当众讲话，是一种不凭借文稿来表情达意的口语活动。它是没有充足的文案准备、处于即兴状态下的“登台”演讲。与准备充分的命题演讲相比，它的难度更大。即兴演讲由于出题简单，形式也不复杂，不需要过多解释说明，因而在竞争上岗、招聘面试、招生面试中出现频率很高。

做好即兴演讲不一定要背诵大量现成的文章，而是需要积累一些有代表性的“段子”。

有一些简单易行的方法可以助力即兴演讲的成功，如“一个中心，两个基本点”，这也是即兴口语训练时应当遵循的。

（一）“一个中心”——确定一个鲜明的目的

“一个中心”指的是在演讲中要明确自己讲话的目的是什么，即到底要告诉别人什么。弄清楚这一点，讲话才能有的放矢，从而达到表达的目的。这是给讲话立一个依据，它是即兴表达之本。对一个成熟的口语表达者来说，“出口成章”是最高境界，有时提前写了文稿反倒容易使演讲失掉生动性和灵活性。但对大多数人来说，事先做准备，特别是针对演讲的立意和选材、组织和表达等有一个统筹的安排，才能胸有成竹。

“确定一个鲜明的目的”是指即兴演讲前需要弄清两个问题，具体如下：

1. 即兴表达要传递什么

明确要告诉人们什么，就是确定演讲的基本内容。做不到这一点，演讲就容易不知所云。一些即兴演讲者在准备阶段做了许多效率不高的工作，但至于到底要通过这几分钟的演讲告诉人们什么，他自己也不清楚。这种情况在命题即兴演讲中非常普遍。例如，演讲者在面对“我们的教育中最缺少什么”这个题目时，如果上台前没明确要告诉听众“缺少什么”，其势必会在这几分钟的演讲中表述得不知所云。有时，演讲者要告诉人们的事情太多、太杂，也会不得要领。

即兴演讲的设计应该是简明集中的。根据这个题目，演讲者可以先确定即兴演讲的主题，主题确定后，再围绕答案进行发挥，演讲就会更有章法。

2. 即兴表达的最终目的是什么

即兴演讲应该是有备而来的，通过演讲最终要达到一个什么目的，这是演讲者作即兴演讲前要弄明白的第二个问题。即打算通过演讲给听众留下什么印象，是天真可爱还是老成稳重，是聪明活泼还是严谨踏实，是人云亦云还是看法独到；打算在演讲过程中如何打动听众，希望听众被感动还是受教育，是说服他们还是吸引他们……确定了目的，才会在演讲中扩大有利因素，规划先声夺人的方案，从而收到良好的演讲效果。

（二）“两个基本点”——用词用语的丰富度、有序的模块串联

一些词可能在即兴演讲过程中反复出现，这是十分正常的，词语的重复有突出强调的作用。不过，同一个词在一段话语中反复出现，如果不是为了突出强调，

就会显得单调，这通常是词汇量贫乏所致。

即兴演讲时多用熟语，可以避免用词重复和用语贫乏，使得演讲精彩、深刻、有力。

即兴演讲就像有目的地的一段旅程，必须事先确定好行程及目的地。“有序的模块串联就是演讲者为了充分表现主题，打动听众，把看似散乱的、零碎的材料，按照事物发展的内部规律，有机地、巧妙地组织安排起来的讲话框架。”①

常见的即兴演讲模块串联方式有三种，具体如下：

1. 珠串式连缀法

“珠串式连缀法”就是在演讲中按一定脉络将模块串接起来，按照一个单一的线索顺序，把那些看似孤立的人、事、物有机地进行联系，并在串联的过程中把这些材料上升到某种高度，以表达主题，最后重复点题，使演讲首尾一贯、一气呵成。珠串式连缀法最重要的是有连缀典型信息点的功力，要求演讲者在明晰的语言推进脉络上缀入“亮点”，这样才能逐层拓展表达的内涵，使演讲迸射出纵向穿透力。这种连缀不是点与点的简单罗列、互相关系的简单陈述、华丽词句的简单堆砌，而是通过有机的联想把材料组织在一起，层层递进。

2. 扇子式连缀法

即兴演讲中的扇子式连缀法是先确定几个基本观点，按照各点之间的内在联系，或纵横连缀，或并列连缀，或对比连缀。这种演讲逻辑严密，重点突出，还有一定的气势。在即兴演讲中，话题只是最原始的材料，要把它们归纳并扩展开来，才能构成完整的演讲。把这些零零散散的点组织在一起，最常用的方法就是扇子式连缀法。这种方法可以将各个点并列在一起，组织成篇，借此分析彼此间的关系，得出有意义的结论。

3. 蝴蝶结式连缀法

蝴蝶结式连缀法是一种左右引申式连缀法，以一个听众熟知的事物为出发点，略加变动，将其所包含的意义引申、转化为一个新的概念，或者从一个方面谈到相关的另一个方面，包括正反阐述。

（三）即兴演讲创新法则

即兴演讲是千变万化的，在这千变万化之中，有一些创新的法则可以随时调

① 徐延平，肖爱云．新媒体环境下主持人即兴口语表达能力的应用和提升 [J]. 西部广播电视，2019（8）：151–152.

用，这里主要分析标记法、中心开花、讲故事三种法则。

1. 标记法

口语是具有一维性特征的。声音不能在空间中展开，语言信号发送出来会立即消失，在无反复的口语流程中的每一个瞬间，听话者有“即时记忆”的极限。口语的无法保存，使它的传播有着区别于书面语的特殊性。给一维的口语加上标记，是即兴演讲重要的创新法则。

在即兴演讲中可以用作标记的有数字、序数、显著因素、时尚元素、重复因素等。

2. 中心开花

从故事中间部分切入、讲起就是“中心开花”的讲述方法。它能立即抓住听众的注意力。

如果开场白中讲清楚了时间、地点、人物、事件和起因，那么就是在使用最古老的获取注意力的方式。“从前”是个魔术字眼，能一开口就抓住听众，很多小朋友听故事就是从“从前”听起的。“从前”是个传统开场法，而“后来”就是中心开花——从故事的中间讲起。

要让听众看到演讲者所看到的，听到演讲者所听到的，感觉到演讲者所感觉到的，要做到这一点，唯一的方法就是使用丰富而具体的细节。准备演讲的工作是重建答案的工作，必须讲清楚时间、地点、人物、事件和发生的原因，用这五个问题的答案来刺激听众的视觉想象。

3. 讲故事

要成为好的演讲者，首先要让自己成为故事大王。叙述时加入细节是讲故事的关键所在，演讲者应该让自己描述的情景再现。演讲和表演有相近的地方，所有著名的演讲家演讲时都会有一种戏剧感。这不是只能在雄辩家身上找到的特质，孩童大多也具备这种语言才能，只不过长大后就慢慢退化了。我们周围的一些人还保留着这样的天赋，他们有丰富的面部表情，善于模仿或做手势，只要稍加努力，便能成为会讲故事的人。

叙述事件时加入动作和细节会给听众留下深刻的印象。演讲时有细节，有紧扣主题的细节，而且是演讲者以再创造的热情来讲述的紧扣主题的细节，才是最成功和富有说服力的。

二、即兴问答

即兴口语中的对话性口语，从心理活动、语言组织和表达来看，是口语中最简单的形式。日常对话是由问答组成的，纯粹的双方叙述状态很少。对话过程中双方有问有答，彼此意会，在语法和逻辑上不要求那么完整和严谨。在对话性口语中，通常是两个人或几个人交流，有来有往，有听有说，一般不长篇大论，也不是机械地每人说一段。虽然即兴问答通常是语句简短、语义浅显的，但不能掉以轻心，因为很多做出人生重要选择的时刻是在问答中度过的。

（一）即兴提问的分类

在即兴口语表达中，提问是一种以解疑为宗旨的表达方式。提问往往是交谈的起点，通过提问，可以控制谈话的进程。根据“问句逻辑”的理论，每一个问题都限定了可能回答的范围。

1. 引导式提问

在引导式提问中，一方问的是特定的问题，另一方只能作特定的回答。问一句，答一句，是由提问者引导应答者的一种特定的提问方式。这类问题主要用于征询某些意向，它需要一些较为肯定的回答。

2. 封闭式提问与开放式提问

（1）封闭式提问

封闭式提问是常见的提问方式。提问时给对方一个框架，让对方在可选的几个答案中进行选择。这种提问对回答的内容有一定限制，答案具有唯一性，范围较小。这种提问方式表现了提问者对对方较强的控制性，它能够让应答者按照指定的思路去回答问题而不至于跑题。封闭式提问是可以用“是”或者“不是”、“有”或者“没有”、“对”或者“不对”等简单词语来作答的提问。封闭式提问可以缩小讨论范围，获得特定信息，澄清事实，或使对话集中于某个特定问题；这种提问易于回答，节省时间，但难以得到问句以外更多的信息材料①。日常即兴口语表达中，封闭式提问是必要的，但因为它往往会限制自由表达，所以一连串的封闭式提问会使应答者变得被动和沉默。从提问艺术的角度来说，提问的设计不宜过满，应适当留有余地，让应答者能够提供更多的信息，否则容易造成僵局。

① 席博宇．即兴口语表达在播音主持专业的重要性分析[J]．记者摇篮，2019（8）：99-100.

（2）开放式提问

开放式提问能引发对方详细的说明，应答者不能使用简单的“是”或“不是”来回答，而必须另加解释才能回答圆满。这类提问的目的是从对方那里获得丰富的信息，并且鼓励对方回答问题，避免被动。提问方式常用“如何……”“为什么……”“哪些……”等。

（二）获取信息的有效提问法

有的提问仅仅是为了解决简单的疑惑，但有些提问是要获取尚未确定的信息，这种提问的难度就大一些。假设式提问和确认式提问都是获取信息的有效方法。

1. 假设式提问

在假设式提问中，提问者为应答者假设了一种情况，让应答者在这种情况下做出反应。这种提问方式广泛运用于主持人即兴主持或者采访环节，它要求提问者思维活跃，反应迅速，能够从事物的多个角度来看问题。

2. 确认式提问

确认式提问也叫重复式提问，可以表达出提问者对应答者提供的信息的关心和兴趣。这种方法有助于弄清楚对方的真实意思，在对方语言啰唆、不着边际的时候，提问者可以通过一个简单的确认式提问将交流的进程牢牢把握在自己手里。因此，确认式提问是客户接待、谈判博弈、节目主持以及面试过程中一个非常有效的提问方式。

（三）获取信息的低效提问与高效提问

有些提问虽有道理，但提问的方式却使人不快，因此得不到有效信息。这种提出来只有负面作用却得不到任何具体信息的提问方式就是无效提问。还有的提问虽然不至于惹人不快，但是得不到有效信息，或者可能得到虚假信息，这就是低效提问。

1. 无效提问和低效提问

无效提问是根本不用问的问题，也就是你可以预见对方可能会怎么回答的问题。如在菜市场有人问“你这菜新鲜吗”“这秤准吗”“这草莓是催熟的吗”，在饭店就餐时有人问“这菜用地沟油了吗”。这些问题由于直接导向一个根本无法接受的目标，因而可以预想对方会怎么回答，通常得不到任何有效的信息，属于无效提问。

低效提问包括程序化的提问、浅层次的提问等。日常生活中绝大部分提问并不是课堂提问，不是问一个问题后看对方答得对不对，大部分提问更像是“调查取证”的过程，问的问题越多，需要获取的“证据”越多。

2. 有效提问和高效提问

有效提问即提问者通过提问可以引发应答者的回答欲望，激发出较大的话语量，从而获得充分信息，而高效提问是那些简单有效的提问。可以通过下面这些方法来完成高效提问：

（1）问细节举例子

通过询问具体细节，提问者可以将对话引向深入。这些提问本质上是开放式的，简便易行。通常可以这样问，“说说在……时你的情况”“给我一个……的例子”。这种提问非常简便，只要在对方说话的基础上问个具体细节或请对方举个例子，就可以轻易地将话题引向深入。

（2）问不同之处

人生中没有完全重复的情节，一些看上去重复的情节，一定是另外一种层次上的重复。寻找不同之处是非常具有启发性的，而且蕴含着较多的信息。

（3）问特别的经历

一些特别的经历总是让人很有话说。提问者可以抓住这样一个心理，寻找最恰当的切入点。

（四）即兴答问术

即兴答问术是一种随机性很强的对话形式，在很多场合中体现了应答者的思想和机智。即兴答问术主要是针对面试答问、答记者问等，一般日常答问不在此列。

1. 即兴答问必须有“抓点”

即兴提问是随机的，只能随时思考、即兴作答。通过“抓点”，可以确保回答直接针对问题本身，避免偏离主题或提供无关的信息。在有限的时间内，快速“抓点”并构建回答，可以更有效地利用时间，使回答更加紧凑、有力。准确捕捉问题的核心，并围绕这一核心展开回答，可以使观点更加鲜明，有利于增强说服力。

2. 即兴答问的技巧

生活中对提问的回答，往往有一些大家注意不到的地方。在这一部分将对应答做一些有效性解析。要想做出有效回答，可以从下面三方面入手：

（1）把握提问者的意图

除了寒暄外，提问都是有某种意图的。如果没考虑这种意图，贸然回答，往往就失去了把握局面的最佳时机。当对方提出问题时，要往深处想一想：他这样问有什么意图。例如，“你今天晚上有空吗”，弄清提问者的意图是进行安全回答的第一步，否则就可能出现事与愿违的情况。

（2）预测提问者所期待的回答

延续上一个问题。“你今天晚上有空吗？”要想获得交谈的主动权，就要先弄清楚对方希望回答“有空”还是“没空”，回答者如果有空，他希望回答者干什么。很多人认为，答问就是把问号换成句号，据实回答就行，作为日常对话当然可以，但这样成不了即兴答问的高手。

（3）回答要符合利益最大化

从回答的角度来看，应答者想要维护己方的利益，就要在应答中随时注意将自己的利益最大化。这一点在面试答问中尤其明显。

第四章　综合口语表达艺术

语言是人们交流思想、表达感情的重要手段，在日常生活中我们最常用的就是说话这一方式。合理掌握表达的方法，有助于我们判断自己的表述是否合情合理，有助于获得别人较高的评价，甚至有助于事业的成功。因此，不论从事何种性质的工作，要想取得事业的成功就必须掌握口语表达的方法。

第一节 说 话

一、说话的含义与性质

（一）说话的含义

广义的说话泛指一切口语表达行为；狭义的说话是指两个或两个以上的人参与的多向性的语言交流活动，是口语交际过程中运用最广泛、最直接、最简便的一种行为。

（二）说话的性质

从生理学的角度来看，说话是每一个健康人都能做到的事，但从口才学和交际学的角度来看，说话则是智慧的体现。说话在本质上就是语言的运用。在正常情况下，说话的目的无非就是描述事情、阐述意见、表达观点。然而，有时候说话像煎药、烧菜，讲究火候和分量，切不可口无遮拦；还有些时候，说话又像是雾里看花，隐隐约约，不能把话说得太明白，否则就失去了韵味。也就是说，“说得精彩与否往往与言辞的多寡并无直接联系，而在于能否说得机智巧妙，切中要害”[①]。总之，说话是一种技巧，是一项功夫，也是一门艺术，有时需要字斟句酌、深思熟虑，有时需要慷慨激昂、抑扬顿挫，有时又需要避重就轻、含糊其词。因此，合理运用说话技巧也是有口才的重要表现。

二、说话的特点

不管参与说话的人有多少、采取什么形式，在一定的时间和空间内，现场总是由两种人组成：一种是说话人，一种是听话人。但扮演这两个角色的人员不是一成不变的，此时的说话人可能是彼时的听话人，反之亦然。再加上说话对于话题本身的限制性，我们可以总结出说话的特点。

（一）话题灵活，随时转换

说话有时候目标性非常明确，但有时候就是一种闲聊，借此消除尴尬气氛，增进人际关系。参与者可以根据当时的情形随时变换话题。

---

① 章彤．说话需要掌握的沟通技巧 [J]. 财富生活，2018（20）：7–10.

（二）广泛参与，气氛活跃

由于参与者都在尽量寻找大家普遍关心的问题，一旦寻找到这个契合点以后，参与者往往都能打开话匣子，围绕一些特定的问题发表自己的意见，气氛就会变得比较活跃。另外，说听双方的角色是经常互换的，一般不会导致有人无话可说。

（三）挥洒自如，不拘一格

由于对话题感兴趣，再加上气氛活跃，参与者往往能全身心地投入进去，通常就会出现不自觉的态势语言。再加上说话一般是面对面进行的，对方的表情和举止一目了然，很少有听不清或听不懂的情况发生。有时甚至可以通过对方的面部表情和体态语准确推测对方的真实意图。此外，由于多数说话是在无准备的情况下进行的，人在临时的语言表达中必然会较多地展现口语特色，但也可能伴随一些不好的现象。对此我们要辩证地分析：口语特色本来就是说话应该呈现出来的，并不是我们反对的倾向，但如果过分强调口语特色而放弃语言内在层次的严整性，或者为片面追求气氛的活跃而不惜使用粗俗言辞，这样就会使说话无法进行下去。

三、说话的要求与策略

说话是一门艺术，要想取得良好的说话效果，必须遵循相关的要求、掌握相应的策略，否则说话者说的话就很难起到相应的作用，而说话者也很难获得相应的地位。但无论说话者怎么小心或多么不情愿，说话的过程中还是可能会出现观点不一致的情况甚至是争论，这就需要我们更理性地解决这些问题。

（一）说话的基本要求

1. 注意说话时的态度

人们常说，态度决定一切。这句话可能有些夸张，但在很大程度上态度是能决定谈话效果的。

首先，要尊重对方。正常情况下，谈话时应该专心致志，适当地注视对方、适时加入自己的意见，这是一种良好的说话氛围；如果东张西望、坐立不安，完全是一副心不在焉的模样，甚至是讥笑或打击对方，那么说话的效果就会大打折扣。

其次，要尊重自己。从某种意义上说，尊重对方也就意味着尊重自己。营造一个宽松和谐的说话氛围是双方共同的责任，如果某一方蓄意破坏，就是对自己的否定。比如，骄傲就很容易激起别人的愤怒或指责。同时，我们也不能有意压低自己，低声下气只会被看成懦弱无能。

因此，说话时应站在与对方同等的地位，以民主的方式相互交换思想或意见，这才是一种适中的说话技巧。

2. 注意说话时的环境

交谈要想取得成功，必须注意外部语境，包括场所、时机、语态和氛围等。虽然环境本身不参与交谈，但它会一直影响交谈中的人们，利用好了，事半功倍，利用不好，徒劳无益。

首先，我们要审视谈话的场所。某些谈话因其性质特殊，必须在特定的环境中进行。例如，进行学术研讨时，应选择办公场所作为讨论的地点，而非海滨浴场等休闲场所；通报嘉奖等正式信息时，应在公共场所进行，避免私下祝贺，影响其严肃性；卧谈会则理应在宿舍等私密空间内举行，而非移至教室等正式场合。选择合适的场所能够对谈话产生积极正面的影响，反之，则可能导致话题偏离正常轨道。

其次，我们来谈谈时机。在交际学中，选择正确的时机表达恰当的话语，被视为一条至关重要的法则。

再次，关于语态的把握同样重要。语态不仅是说话的方式，还反映了说话的外部环境。我们不应因为是在说话就表现得过于随意。

最后，是关于氛围的营造。一个良好的氛围需要所有参与者的共同努力，而非一两个人所能单独完成。在谈话过程中，作为个体的我们，既要具备调动氛围的能力，也要积极参与其中，甚至在适当的时候要保持沉默，专心倾听。以班会为例，若班长宣布了班会主题后，同学们各自为政，无人响应，那么这次班会无疑会以失败告终。如果同学们七嘴八舌，毫无秩序，也非我们所愿。我们所期待的是，有人能够积极发言，有人愿意倾听，有人能够适时调节，并最终达成共识。

3. 让别人也说话

自己会说还不够，在交谈过程中，如果能让对方兴致勃勃地参与到谈话中，这才是真正掌握了说话的方法。在交谈中，应尽量少说“我想”，而应多说“你看呢”。

首先，可以就地取材，寻找共同点。就地取材就是指按照当时的环境来寻找话题，即便是面对陌生人，但有一点很清楚，那就是大家都共同出现在一个地方。

其次，可以谈谈对方。众所周知，一个人最愿意谈论的、最关心的话题，往往是他自己的事情。我们可以利用这一普遍心理，用对方感兴趣的事情巧妙地吸引他；接着，我们再以问答的方式引导对方谈论有关他个人的生活习惯、经验、愿望、兴趣等问题。这样整个谈话过程就显得非常紧凑，自然能取得良好的效果。

4. 适可而止

有时谈话到了一定程度，对方的情绪可能会出现懈怠，但碍于情面对方又不好直接打断；有时提问者的问题已经提出两次，但对方仍然不愿回答。面对这些情景，该怎么办？例如，某一问题已经谈得非常深入，再谈下去已经没有什么必要，而且对方总是在看表，或者表现出非常焦虑的神色，此时正确的做法是主动结束谈话。再如问对方住哪里，他如果只说地区而不说具体地址，就不宜再问。如果他愿意让提问者知道的话，会主动详细说明的，而且会补上一句，邀请提问者去坐坐，否则便是不想让别人知道，因此也不必追问了。

（二）说服和争辩

在生活中，任何人都不能保证别人的观点总是和自己的观点保持一致，即使他坚信自己的观点是正确的。所以，在遇到要说服别人的情况时，如果不掌握技巧，就难以达到理想效果。不过需要注意的是，说服不是意味着把你的观点强加在对方头上，让别人无条件地接受，而是通过沟通的方式让别人心悦诚服地接受你的观点。那么如何说服呢？总结为以下几条：

1. 改善气氛，缩小差距

在出现僵持的情况时，我们不能急于摆出一副盛气凌人的架势，而是应调节谈话的气氛，缩小与对方的差距。因为在友好、和谐的氛围中，说服也比较容易成功，否则多半是要失败的。

2. 消除防范，以情动人

从心理学的角度来看，防范心理是由于把对方当作假想敌时产生的一种自卫心理，消除防范心理的有效方法就是反复给予暗示，表示自己是朋友而不是敌人。这种暗示可以采用多种方法来进行，如嘘寒问暖、给予关心等。

3. 自我反思，将心比心

矛盾出现时，只知道责备别人是不够的，即便是别人的责任，此时我们不妨也先进行自我反思，如此有利于让对方冷静下来考虑自己的错误。

4. 坚守立场，据理力争

有时对方的言行举止会对我们应得的利益产生负面影响。如果我们退让，利益就要受损；如果对方胡搅蛮缠，问题也不一定能够得到解决。我们不妨坚守立场，利用对方的不礼貌行为，让对方自知理亏。

除了上述说服技巧之外，还有很多技巧可以实现愉快的说服。不过以上说服更多的是出现在特定场合中，或者说是必须让对方信服，否则将会带来不良后果。

说服别人不是一件容易的事，在无法说服的时候，往往就会出现争辩，对此我们要进行辩证的分析。

第一，不要参与无意义的争辩。无意义的争辩，首先是话题没有太大的价值，而且也无法辩明是非对错，只会浪费时间、浪费精力。其次是争辩这些话题更多的是为了面子，很容易影响相互之间的关系。

第二，把争辩当成交流。在正常的日常争辩中，我们应该采取积极的态度，使用积极、文明、恰当的论辩语言。不要一提争辩就想到脸红脖子粗、口水脏话满天飞，而是要以理服人，让事实说话。良好的争辩是让人心服口服，而且能增进人际关系。

第三，胜不骄，败不馁。如果争辩胜利了，请不要洋洋自得，而要注意克制。这时，适当给别人一个台阶，如感谢对方的启发等，或者就此打住，给对方端上一杯茶，缓解因争辩而导致的紧张氛围。如果失败了，就不要强词夺理了，干脆就大度地面对现实，感谢对方的教诲。因为失败不等于无能，也不等于错误，但绝对不能耍赖。

不过，无论怎样说话，都要力求慎重，不能以挫伤对方的积极性为代价。另外，说话也是一种感情的投入。虽然影响说话目标的因素是多方面的，但发自肺腑的真情实感，并从对方的立场出发，无疑是实现说话目的最好的催化剂。

第二节 演 讲

一、演讲的含义、类型和一般方法

（一）演讲的含义

演讲就是“演讲者在特定的环境下，面对听众，以有声语言和态势语言的艺术手段，就听众所关心和迫切需要解决的现实问题，发表意见，抒发感情，阐明见解，以求感召听众的一种口头语言表达形式”[①]。

（二）演讲的类型

演讲的类型很多，可以从不同的角度、根据不同的标准来进行划分。

1. 从内容角度划分

（1）政治演讲

政治演讲是指演讲者为了一定的政治目的或出于某种政治动机，就某个问题或与政治有关的问题发表的演讲。政治演讲涉及的范围很广，如外交演讲、军事演讲、重要会议上的报告、政治性群众集会上的演讲等。

政治演讲内容严肃，意义重大。它要求演讲者有较强的政治敏锐性，有深刻的思想和较高的政策水平，同时具有强大的政治感召力。

（2）生活演讲

生活演讲是指演讲者就社会中存在的问题、现象而发表的演讲，是最常见的一种演讲形式。

生活演讲题材广泛，形式多样，具有较强的时代感。它既可以对现实生活中的真善美进行热情的讴歌，也可以对现实生活中的假恶丑进行无情的抨击。生活演讲必须从纷繁的生活中选取具有典型意义的素材，从中提炼出正确、深刻、具有普遍意义的话题，并能对该话题提出新颖、独到的见解。

（3）学术演讲

学术演讲是就某些系统的、专门的学术问题发表的演讲。“常见的学术演讲包括学术报告、学术发言、学术评论以及学校里的专题讲座等。”[②] 内容的科学性、论证的严密性和语言的准确性是学术演讲的鲜明特点。

（4）法庭演讲

法庭演讲是指公诉人、辩护人、诉讼代理人在法庭上发表的演讲。法庭演讲要注意公正性和针对性。公正性是指进行法庭演讲时必须坚持“以事实为根据，以法律为准绳”的原则，不能以情代法、以权压法；针对性是指公诉人和辩护人在法庭演讲中就罪与非罪、重罪与轻罪所展开的交锋。因此，法庭演讲目标明确，针对性强，效果也更直接。

① 周莹．论演讲的语言表达技巧[J]. 今古文创，2020（31）：53-54.

② 屈海英．新编演讲与口才[M]. 杭州：浙江大学出版社，2011.

（5）礼仪演讲

礼仪演讲是指在公开场合与重要仪式上发表的演讲。礼仪演讲内容涵盖的范围较广，包括迎来送往时的欢迎词和欢送词、凭吊场合的悼词和喜庆场合的贺词。礼仪演讲感情色彩浓厚，不管是悲是喜，演讲者的感情总是明显外露，声情并茂，表达充分而自然，扣人心弦。因为礼仪演讲是在特定的社交场合中进行的，所以要特别注意礼节规范，不可贸然行事。有时候礼仪演讲也不是单纯地为纪念而纪念、为庆贺而庆贺，也可以由此及彼，借题发挥，通过迎来送往或凭吊、祝贺达到某种目的。

2. 从准备情况划分

（1）命题演讲

命题演讲是指事先由自己或他人命题的有准备的演讲。命题演讲一般分为两类：一类是由演讲的组织者给定题目；另一类是演讲的组织者规定演讲的范围，具体题目由演讲者自己来确定，实际是半命题式的演讲。命题演讲具有主题鲜明，针对性强，内容稳定，结构完整，有益于深化演讲主题、扩大演讲影响、提高演讲效果等优点，同时也存在着内容有一定的局限性，演讲者对特定问题的认识程度不够，不容易把问题讲深、讲透等不足。

（2）即兴演讲

即兴演讲是指“演讲者在事先没有充分准备的情况下，围绕主题，快速展开思维，以恰当的语言阐述观点的一种语言表达形式”[①]。它具有时空感强、篇幅短小等特点。这就要求演讲者必须反应敏锐，见景生情，触物出言，迅速确定主题，理清思路，选定材料和打好腹稿，表达时要简洁突出，准确中肯，风趣生动，不要冗长拖沓。

（三）演讲的一般方法

演讲内容的表达，主要靠两种方式：一是语言，二是表情动作。语言的表达方法包括叙述、议论、描写、抒情等，表情动作包括姿态、眼神和手势等。

1. 叙述

在演讲中，把人物的经历、事迹或事件的发生、发展过程表述出来，就是叙述。

叙述在演讲中的主要作用是：第一，介绍人物的经历、事迹；第二，介绍事

① 曹洁，封莉．沟通与演讲 [M]. 北京：北京理工大学出版社，2018：140.

件发生、发展的过程；第三，为论点提供事实论据。叙述是各类演讲语言表达的基础，它的作用是很大的，所以要下大功夫去掌握才行。

2. 议论

议论就是讲道理、论是非，即演讲者通过事实材料和逻辑推理来阐明自己的观点，表示赞成什么或反对什么。

议论是由三个要素组成的，即论点、论据、论证。论点是演讲者对所议论问题所持的见解和主张，论点必须正确、鲜明。论据是证明论点的理由和根据，论据必须真实、充足。论证是用论据证明论点的过程和方法，必须符合正确的推理形式。

3. 描写

描写是指用生动形象的语言，把人物的状态、动作或景物的特色、特征等具体地描绘出来，使听众如见其人、如临其境。

在演讲活动中，往往要用到人物描写的方法。在人物描写中，有肖像描写、心理描写，而常用到的是行动描写和语言描写。

4. 抒情

抒情就是抒发感情。人们演讲，总要表达对生活、对人和事物的看法，这当然不会是纯客观的，必然会渗透着演讲者的主观爱憎之情，把这种情感通过种种方式表达出来，就是抒情。

抒情与叙述、议论、描写不同，它既不是客观现象的表述，也不是观点、认识的解说，而是在客观的叙述、议论、描写的基础上，加上一层主观的感情色彩。

上面讲了叙述、议论、描写、抒情四种语言表达方式。在演讲实践中，单纯使用一种语言表达方式的情况是不多见的。经常见到的是以一种语言表达方式为主，综合运用其他语言表达方式，这样就构成了各种类型的演讲。

二、命题演讲技巧

（一）命题演讲的题目

1. 命题演讲常见的题目类型

命题演讲常见的题目类型主要包括以下四种：

（1）提要型

提要型是从演讲内容中提炼出一个核心主题作为演讲的标题。它直接概括了演讲的主旨，使听众能够迅速抓住演讲的重点。

（2）象征型

象征型采用含蓄的表达方式，通过象征性的语言或符号来传达某种寓意或深层含义，能够激发听众的想象力，引导他们深入思考演讲内容背后的深层意义。

（3）设问型

设问型以提出问题的形式作为演讲的标题，而演讲的内容则是对这些问题的深入剖析和有力回答，能够引起听众的好奇心，促使他们关注并思考演讲中提出的问题。

（4）抒情型

抒情型采用抒情的词句作为标题，通过情感来传达演讲的主题。这种题目类型能够直接触动听众的情感，增强演讲的感染力和共鸣力。

“文好题一半”，这句话强调了题目在演讲中的重要性。一个好的题目不仅能吸引听众的注意力，还能直接影响听众的心理取向和价值取向。因此，在选择和确定演讲题目时，演讲者需要充分考虑题目的吸引力、概括性、寓意性以及情感表达等因素，以确保题目能够准确地传达演讲的主旨和情感色彩。

2. 命题演讲题目拟定的原则

（1）题目要贴切

确定什么样的题目，选择什么样的内容演讲，这既是演讲者思考的问题，也是听众关注的问题。听众可以根据演讲的话题来确定“听”与“不听”。在众多人聚集的场所进行演讲，如果演讲者的选题不符合在场听众的口味，无法引起听众的兴趣，就很难取得好的效果。所以，演讲的题目要贴近听众关心的问题、贴近现实、贴近演讲者本人，同时还要具有时代感，能够反映社会现实、展示时代精神。

（2）题目要简洁

题目是演讲的“门面”，要用简洁的语句进行概括性表达，力争做到一字不多、一字不易。

（3）题目要醒目

一般来说，演讲的题目就是对演讲的内容和主题的高度凝练和概括。演讲的题目不仅要明了，使人一听便知，而且要有新意，能够给人一种充满希望、积极进取的感觉。

（二）命题演讲主题的确立

演讲主题决定着演讲的价值。演讲是为了宣传自己的思想主张、传播科学文化知识、歌颂某种道德情操等，进而使听众与自己达成共识，达到启发人、教育人的目的。演讲的价值大小、作用好坏，主要是由主题正确与否决定的。演讲中无论选材、谋篇、遣词、运情，还是说理、叙事、状物、绘景，都要使“意”贯穿其间，这样演讲才能富有生命力。主题是演讲的统帅和灵魂。确定演讲的主题，应该注意如下要求：

1. 时代感强

时代感强就是演讲要紧密结合所处的社会现实，要具有浓厚的时代气息。

2. 鲜明正确

鲜明就是观点要突出、明了，提倡什么、反对什么，要态度明朗，不可似是而非、模棱两可。正确是指观点要能反映客观事物的本质，符合国家的宪法和法律，符合社会的伦理道德。

主题的正确与否，决定着演讲价值的大小。一切有价值、有意义的演讲，主题都是鲜明、正确的，都能反映客观事物的本质规律。

3. 新颖独到

新颖独到就是指演讲中的观点要有新意，有独到的见解，不能拾人牙慧。特别是命题演讲，演讲者要就话题发表议论，这时主题新颖独到就显得非常重要。唐代文学家韩愈倡导过作文要“惟陈言之务去”，旨在创新。同样，演讲的主题也要新颖，不落俗套，不因袭前人。正像罗丹所说的那样，只有用自己的眼睛去看别人见过的东西，才能在别人司空见惯的东西上发现美。

要使主题新颖，首先，要保证主题表现的是新思想、新科学、新知识、新方法，这样听众才会感到有收获。其次，主题新颖还在于开拓新的思维角度。有些认识在人们的观念中早已成定式，演讲就是要对人们的习惯性思维提出挑战。例如，“这山望着那山高”，容易被人们看作“贪心不足”的表现；“班门弄斧”比喻那些不自量力、在能人面前卖弄的人。我们选择演讲主题时，把它们逆反过来，往往就会出新意。

4. 深刻集中

深刻就是指所确立的观点要能表现出事物的本质特点，有一定的深度，能发人深思，令人回味。集中就是指在一般情况下演讲只能有一个中心论点，并且要紧紧围绕这个中心论点来阐述。如果在一次演讲中论点分散，面面俱到，听众就会不明重点，不知所云。古人说“意多文乱”，就是这个道理。优秀的演讲家在这一点上给我们树立了榜样。

（三）命题演讲材料的选择

演讲中的材料是演讲者用来阐述、证明观点的论据和事实。如果把观点视作演讲的“灵魂”，那么材料就是演讲的“血肉”。俗话说“巧妇难为无米之炊”，材料是演讲的基础，是思想观点赖以存在的依托和支柱。演讲主题确立之后，演讲者就要选择一些事实和事理来支持自己的观点和主张。这些事实和事理就构成了演讲的内容，也叫材料。在演讲中材料非常重要，但“捡到篮子里的不都是菜”，演讲者要细心选择。那么，演讲对材料有哪些要求呢？

1. 真实准确

真实准确是材料的生命。只有真实准确的材料，才能说服人、教育人。在演讲中，哪怕有一点儿材料失实，也会使听众对整个演讲产生怀疑，必然会削弱演讲的说服力和感染力，甚至会使整个演讲失败。演讲材料要真实准确，要求我们不能主观臆造，也不能把偶然的、个别的现象看成事物的本质。一定要进行深入的实际调查研究，要从亲身实践中获得真实准确的直接材料；间接得来的材料必须经过核对，引用书报杂志的材料要点明出处，这样才能增强材料的可信度。

2. 典型有力

典型的材料就是指那些最具代表性、最鲜明、最能反映事物本质、最能表现主题的材料。只有典型的材料，才具有说服力。

3. 新鲜生动

新鲜的材料包括新生事物和以往存在却鲜为人知、很少被人使用的材料。它们具有新鲜独特之处，能引人注目、避免雷同，容易引起听众的兴趣。新鲜材料具有满足人们的好奇心、开阔人们的眼界、提高人们的认知能力和对外界的理解能力的作用，可以使演讲更具感染力和说服力。

所谓生动的材料，是指具有生动的情节、能引起悬念、具有幽默感的材料。这样的材料能为演讲增添情趣，既能加深听众对主题的印象，又能为其留下欢欣的回忆。

4. 针对性强

针对性主要是指针对不同的时空条件和不同的对象来择定材料。

（四）命题演讲的语言特色

语言是人们表达思想、交流情感、传递信息的载体。演讲除具备书面语言和口语表达的特点外，还有自己的语体表达规律。只有把握演讲语言的特点和规律，才能准确、生动、形象地表达出演讲者的思想感情，从而进行精彩而成功的演讲。

1. 准确深刻

准确是指语言要具有科学性，演讲使用的语言一定要确切、清晰地表现出所要讲述的事实和思想，揭示其本质和联系；深刻就是说语言要有一定的哲理性，说出听众想说而说不出或者没有想到的道理。

2. 简洁朴实

语言的简洁就是要求用最少的字句表达出所需陈述的思想内容。正如恩格斯说的那样："言简意赅的句子，一经了解就能牢牢记住，变成口语，而这是冗长的论述绝对做不到的。"

所谓朴实，就是要求演讲的语言通俗易懂，特别是要口语化，防止散文化的语言。俗话说"话须通俗方传远"，要做到通俗朴素，就不能卖弄文辞、堆砌辞藻、故作艰深、半文半白。

3. 生动幽默

虽然通俗易懂的语言可以把演讲内容表达得清楚明白，但要使演讲吸引听众、感染听众，还必须做到生动感人、幽默风趣。所谓生动是语言新颖别致、形象性强、富于感情，令人感到新鲜活泼、有生气。只有生动的语言才能准确、形象地阐述道理、栩栩如生地描摹事物、淋漓尽致地表达感情，从而点燃听众的情感之火，使其满怀激情地投入社会实践。这正是那些平淡无奇、沉闷无味的语言所无法企及的。所以，演讲常常采用视觉化的说法，以给听众具体的感受；经常运用贴切的比喻等修辞方法，使演讲语言更加生动感人。

在严肃深刻的演讲中，适当穿插一些幽默风趣的语言，不但可以活跃气氛、调节情绪，而且有利于拉近演讲者与听众的距离，让听众在轻松愉快的气氛中不知不觉地接受演讲者的见解和主张，并且印象深刻。演讲语言想要做到幽默风趣，除了演讲者要努力提高自己的思想修养、知识修养、语言修养外，在演讲时还要适当穿插诙谐的词语或笑料，使用漫画手法刻画形象，运用借代、双关、反语等修辞手法，有时候还可以借助文学作品中的语言、人物形象以及民间传说等方式，来增强演讲的幽默感和讽刺力量。

（五）命题演讲结构的安排

命题演讲的结构是指演讲的布局与谋篇。好的演讲结构是客观事物发展的内部规律和演讲者思想认识的完美统一。演讲的结构和文章的结构既有相同之处，也有自己的特点。演讲的结构不能太复杂或跳跃性太大。合理的演讲结构应该做到紧扣主题、条理清楚、层次分明，使听众易于把握演讲的思想脉络。

命题演讲的结构一般由开头、主体、结尾三部分组成。主体是演讲的主要内容。

1. 开头的作用及常见类型

演讲的开头又叫开场白，是整个演讲的第一部分，是演讲者在听众面前的正式“亮相”，对整个演讲的成败往往具有决定性的作用。命题演讲开头的作用主要从以下几个方面表现出来：

（1）吸引听众，引人入胜

演讲者从登台之时起就成为全场关注的“焦点”，但真正把现场观众的注意力集中到演讲上来，还需要演讲者漂亮的开场白。有经验的演讲者，总是能够通过洪亮的声音、真挚的感情、新奇的内容、精彩的语言、巧妙的形式，在一开头就像磁石一样吸引听众，并引起听众的共鸣。

感谢你给我机会上场（节选，与实际演讲内容有细微差别）

我叫方励，今年60岁。我在外面休息的时候观察了一下大家，我觉得你们大家都比我年轻最少30岁。

为什么今天想跟大家聊聊天？因为我自认为过去30年我非常成功。为什么非常成功？因为我很快乐。为什么会快乐？因为我知道人是什么。

我先给大家讲讲这个地方。这是地球上目前保存得最完整的陨石坑，在美国亚利桑那州，我在1990年的时候专门开车去看过。这个坑直径约1.2千米，深约170米。

从前大家以为它是个环形火山，后来经过科学家研究才发现是个陨石坑，于是大家用提出这一想法的采矿工程师巴林杰的名字命名它为巴林杰陨石坑。

这么一个小坑，仅仅是天上掉了个40万吨的石头，砸下来的能量相当于10个百万吨级的氢弹同时砸在这儿爆炸，半径约160千米之内所有的植物动物全部毁灭。

大家可能学过地球历史。地球从一团气体变成今天的样子，花了46亿年。上一次大规模生物灭绝是在6500万年前，我每时每刻都会记得这一点：我们整个人类，是在两次毁灭之间仅仅一个过程。

也就是说，当我们谈地球历史的时候，那个单位时间是百万年，因为没有百万年，一个石头无法形成，一个山脉也无法形成，一个峡谷也无法形成。就是切割得最厉害的美国大峡谷也是一两百万年才形成的。

那我们想想人类的历史，有文字记录的历史才几千年，那么这个单位时间算是一百年的话，我们在座各位能有多少能活够最小这个单位时间？

那么我想跟大家分享一个什么感受呢，当你意识到生命有多宝贵的时候，你就会特别特别惜命，惜命的方式是什么呢？不是拿来养生，是拿来折腾的。

在该节选中，演讲者采用个人化引入的方法介绍了自己的姓名和年龄，并观察了听众，指出听众比他年轻至少30岁。这种方式可以让听众感觉很亲近，仿佛是在与一个熟悉的朋友交谈，从而更容易集中注意力。为了解释他为什么快乐，演讲者开始讲述一个关于陨石坑的故事。这个故事不仅具有趣味性，还与主题紧密相关，能够激发听众的想象力和兴趣。通过这个故事，演讲者巧妙地引入了关于地球历史和人类生命的宏大话题，为后续的分享做了铺垫。

（2）营造气氛，奠定基调

好的开头，能够营造出适合演讲的气氛，为整个演讲定下基调。例如，演讲内容是喜庆欢快的，开头就应该用轻松、活泼的语言；演讲内容是庄重严肃的，开头就不宜使用幽默诙谐、轻松的语言。

不把平凡活成平庸（节选，与实际演讲内容有细微差别）

各位同学好：

其实，我很不想把今天这样的交流看作一次演讲，尤其是所谓励志演讲，我还是希望今天我们真的是一次坦诚的交流、轻松的聊天。从哪儿开始聊起呢？

前几天有个新闻相信大家都关注了，就是一代球王马拉多纳去世，引发了一波回忆潮。每一代人，每一个人，心中都会有或者曾经有过一座高峰，会有一个非凡之人，站在峰巅。他会让我们体验到在我们的生命当中，会有很多很多我们可以感受的精彩存在。

我们必须承认，在这个世界上 99.999% 的人都是平凡人、普通人，就如同我们。只有 0.001% 的人可能真的是天才。他们仿佛真的是带着上天的使命，来到这个世界上的。这些非凡之人，会让我们这些平凡人一次又一次地意识到自己是多么平凡。但他并不妨碍，这些非凡的人也会告诉平凡的人：你们也可以在你们的平凡当中去寻求非凡。

也许我们达不到他们的高度，但是我们可以努力不把平凡活成平庸。

演讲者以非正式姿态开场，旨在促进坦诚交流与轻松对话，缓解紧张情绪，增强亲近感。演讲者引入马拉多纳逝世的热点，构建共同话题，激发共鸣；追溯每代人心中的杰出人物，唤醒人们的回忆，使其憧憬未来，从而提升演讲吸引力；坦诚承认平凡现实，传递理解与尊重；提出“努力避免平庸”见解，激励听众追求充实人生；通过营造积极氛围，鼓励听众深入思考与行动。

（3）打开场面，引入正题

开头的主要任务就是点明演讲的宗旨或主题，准确解释演讲的题目和主要观点。这样通过提纲挈领并点明演讲主旨，可以自然地引入下文。

杂交谷子让“中国饭碗”端得更牢（节选，与实际演讲内容有细微差别）

我这一生就是跟谷子打交道。之前有个记者问我，他说：“赵老师你在选育出张杂谷一号的时候，你落泪了吗？你感到幸福吗？”我摇摇头，我说“不是”，我说“幸福不是这么简单的，幸福是我们一生的奋斗，是我们奋斗的结果”。

我跟大家分享几个我与谷子的幸福时刻。第一个幸福时刻，当我们 80 万株谷子种下的时候，我感到这是最幸福的时刻。因为刚才我们大家都说了，谷子是养育中华民族的作物，在 1969 年的时候，谷子还是主粮，但是低产。我查阅了一下资料，从唐朝开始谷子（亩）产量就100 斤，最高的产量就 400 斤。到我们解放前，我是当过农民的，谷子还是 100 斤。谷子的产量怎么提高这么难？

赵治海在演讲开始，采用了既具个性化又富含深情的叙述手法，精心营造氛围，进而顺畅过渡到演讲的主旨。他睿智地摘取了与谷子长达数十年的深厚渊源作为引子，运用温馨而真挚的语调，细腻地勾勒了与谷子间那份难以割舍的情感联系。借由记者提问的契机，赵治海剖析了自己在培育张杂谷一号过程中所经历的复杂心理轨迹，其真挚情感的流露，深刻彰显了他对农业科研事业的深厚热爱与持续不懈的探索精神。紧接着，他预告了即将呈现的“幸福时刻”，这一巧妙的安排极大地引发了听众的好奇心与热切期盼，自然而然地引导至他与谷子间的幸福故事的分享。

2. 主体结构的形式

演讲的主体是演讲者运用具体材料阐述自己观点和主张的重要部分。主体结构是否合理、条理是否清楚，直接决定着演讲效果的好坏。

命题演讲的主体结构形式是多种多样的，常见的有以下几种：

（1）并列式结构

并列式结构是把演讲主题涉及的若干方面并列起来讲述，各个层次间的关系是并列的、相对独立又相互联系的，各个层次从不同侧面阐述演讲的主题。这种并列式结构又常有总分式或分总式之别。总分式就是先总说，给听众以总的印象，然后紧紧围绕主题分开论述；分总式与总分式相反，是先分说，后总说，先讲述包含主题的现象，然后进行总结归纳。无论总分式还是分总式，都是演讲者为了使听众对并列分说的内容有一个完整的印象。

平静与焦虑（节选，与实际演讲内容有细微区别）

刚才的这个旋律是我们这一代人非常熟悉的，20 世纪 90 年代初特别流行的一首歌，叫《驿动的心》。我想“驿动的心”是特别可以概括我们这一代年轻人，在你们这个年岁时候的心态。我们那时候想唱《跟着感觉走》，我们唱《一场游戏一场梦》，然后我们唱这个《驿动的心》。今天的话，这么平静的歌不容易找到，因为我突然发现驿动的心变成了焦虑的心。

2000 年即将到来的时候，那是大事件，那也是人类的大转折，要进入新的一千年。《文汇报》约我写一篇新世纪寄语。我当时写了一篇 1000 来字的文章吧，我对新世纪提了两个词的期待：平静与反思。我预感到这个时代的车轮将越来越快，我说平静将成为奢侈品，反思咱们另谈，但是没有平静就不可能拥有真正的幸福。

一转眼，18年过去了。平静是更贵的奢侈品。其实不偶然，我记着2000年迎接这个特殊历史时刻到来的时候，我们都曾经对新的千年有那么那么多的期待，就像现在你对新的一年有很多期待一样，但那时候更大，因为它是一个1000年的跨度。我做的直播，哎呀，全世界各地轮流啪啪啪进入到新的千年当中。我们都有很多的愿景、美好的期待，但当做完直播凌晨3点到4点钟的时候，这已经是新千年的第一天了。我从我们台出来，在台门口看见两辆车撞在那儿，正吵架呢，我一下子就平静了。新千年不会把这些问题都带走的，这依然是原来的日子。

时间是要慢慢洗牌向前走，但是焦虑却会随着这个时代的车轮，越滚越快。我原来以为，带我联大的研究生一定就是当新闻的老师，后来当写作的老师，再后来当阅读的老师，现在越来越觉得你更要经常扮演的是心理老师。怎么会现在的这一代人，各位内心的问题比我们那时候严重得多了。这个时候学生有时候会问我，没办法，这是这个时代的标志，白老师，以及你们的前一代，那个时候多好啊，生活无忧无虑的，没什么焦虑。突然打开了我的记忆之门，真是这样吗？

…………

你们现在的焦虑很具体，房价、婚姻、职场等等，人际关系。小时代才是美时代啊。经常有年轻人，因为可能不太看历史，怀念大时代……小时代每个人这么具体的事情，开始演变成你们的焦虑，好啊，首先它是进步的结果，接下来要去面对它呀，慢慢解决它，可另一方面，你们在座的各位，和咱们在谈心的每一个有缘的人，也要明白，如果仅仅把自己的焦虑建立在有一天物质全部被解决你就不焦虑了，那不可能。我觉得物质是基础，谁也别跟我说，没有物质什么都可以去解决，贫贱夫妻百事哀，基础不牢地动山摇，但是基础牢了不能把它当成最高的塔尖，我觉得物质的，然后是情感的，然后是精神的，恐怕都要关照吧。我觉得情感是依靠，精神是支柱，物质是基础，缺一不可。那这个时候，就要去面对我们到底该怎么去解决自己的焦虑。

本段演讲稿采用了并列式结构，通过不同时间段的事件并列，展现了不同时代人们心中的焦虑及其变化。首先，以20世纪90年代的流行歌曲《驿动的心》

引入，通过对比过去和现在的心境，并列提出“驿动的心”与“焦虑的心”。其次，并列叙述了2000年新世纪的到来和个人对新世纪的期待，以及18年后的反思，展示了时间的流逝与焦虑的累积。再次，通过个人经历，并列描述了那一代人面对国家大事的焦虑。最后，并列讨论了当代年轻人的具体焦虑问题和解决焦虑的方法，强调了物质、情感和精神三个方面的重要性。这种并列式结构使演讲内容层次分明、逻辑清晰，有效地传达了演讲者的观点。

（2）递进式结构

递进式结构是根据事物发展的规律和听众的认识规律，在安排演讲内容时，由浅入深，由表及里，步步深入，环环相扣，直至最后得出结论。这样，演讲一开始就像钳子一样抓住听众，使听众听下去，最后以其强大的逻辑力量征服听众。

献给春天的演讲——扎根（节选，与实际演讲内容有细微区别）

我是张颂文。我是一名演员。今年春节，我在社交媒体上收到最多的一个评论：恭喜你，张颂文，你的春天来了。很多朋友，大部分对我的肯定多带一点点同情。大家都觉得，在没有人看见的地方，他努力了20年。

我从很小的时候就喜欢花花草草，我第一次种花应该是在我4岁那年。我的隔壁邻居里有一个叫卢伯伯的人。卢伯伯有个爱好，他在我们的后山里会挖很多矮小的树根，然后回家种在盆里，没多久，这个树根就开始散发出枝叶。

他种过很多形态各异的盆栽。我看着看着，我也喜欢，我也想自己试试，但不管怎么种，每次都失败。后来，卢伯伯跟我说，你知道哪儿出问题了？你呀，只想挖它上面的部分，你很少去挖它的根部。

枝繁叶茂是你可以看见的，但是支撑枝繁叶茂的是它的根系，只有根扎得越深，扎得越牢，有朝一日，才可以绽放出一朵漂亮的花。

我经常把演员的工作比作绿植。长在城市里的绿植，只有与土地接连起来，才不会被大风吹倒。

我的这20多年，不是一晃而过的20多年。所以在那些你看不见的地方，我从来没有沮丧过，我每一天都在吸收着一个演员应该吸收的养分。

我们经常有一句这样的话：你不要试图去比植物和天地之间的高

度，那是遥不可及的。你要做的是让它扎根越深，树干越粗，这才是它应该有的宽度。

我感谢那个不被大家看见的20多年。这20多年里，我用我的眼睛，用我的心去看万物，去看周围的每一个人。

你永远都不要看不起自己，你永远不要去惧怕，你身上那些别人看来是缺点的毛病，在你的一生的剧本里，你就是主演。你要相信，有一天你一定会散发出你应该有的光芒。

本段演讲巧妙地运用了递进式结构，逐步深化主题。演讲以个人当前的成功为起点，引发听众的共鸣，然后通过回忆童年种花的经历，自然地引入“扎根”的比喻，这是递进的第一层。接着，张颂文将这一比喻应用于自己的演员生涯，将演员工作比作绿植，需要深厚的根基才能在城市中屹立不倒，这是递进的第二层。随后，他分享了自己20多年的坚持与努力，将“扎根”的概念与个人成长相结合，展示了成功背后的积累和坚持，这是递进的第三层。最后，他以励志的话语鼓励听众，将“扎根”的理念提升到人生哲学的层面，鼓励每个人都要相信自己有价值和潜力，这是递进的第四层，也是情感和哲理的高潮。从具体的生活经历出发，逐步抽象化，最终得出人生启示，层层递进，逻辑严密，情感丰富，有效地传达了演讲者的核心信息和情感态度。

（3）对比式结构

对比式结构是将两种本质属性截然相反的事理或同一事理在不同时期所表现出的不同属性进行对照比较，使其更鲜明、更突出，使人一听就感到泾渭分明、是非清楚，有极强的说服力和感召力。

要注重文化叙事（节选，与实际演讲内容有细微区别）

中国政治故事通过文化传统的叙述来进行，往往更具有说服力。把中国政治选择和制度安排背后深厚的文化底蕴揭示、呈现出来，是一种中国政治叙事比较好的方法。这也印证了习近平总书记多次说过的文化自信是更基本、更广泛、更深厚的自信。

我自己提出中国是一个文明型国家，实际上也是这种努力的一部分。我尝试从中国古老文明与超大型现代国家结合这个视角，来介绍中国崛起、中国道路、中国模式，这一方面是客观事实的陈述，同时为中国政治制度的文化叙事提供了新的视角。

比方说我多次讲过这个观点，就是像中国这样的文明型国家，它不需要别人认可，它可以独立地存在和发展，它的政治和经济模式过去就和别人不一样，现在也与众不同，今后还是自成体系。

我曾经打过比方，讲汉语扩大自己的影响，不需要英语的认可，就像《孙子兵法》不需要克劳塞维茨来认可，就像孔夫子不需要柏拉图来认可，就像中国的宏观调控不需要美联储来认可；而更可能发生的，倒是前者逐步影响后者的问题，汉语可能会逐步地影响英语的发展，《孙子兵法》已经并将继续影响西方的军事思想的发展，孔夫子、柏拉图都为人类社会提供了宝贵的智慧……

演讲通过对比结构展现了中国政治制度的独特性与合理性。首先，演讲者通过文化自信概念的引入，强调了中国政治叙事中文化底蕴的重要性。其次，他提出了“文明型国家”的概念，将中国的崛起和政治制度放在古老文明与现代国家结合的视角下进行叙述。在演讲中，通过对比中国与西方国家的政治和经济模式，强调了中国的独立性和自成体系的特点。他用生动的叙述，如汉语与英语的关系，以及《孙子兵法》与克劳塞维茨的比较，来说明中国文化和制度的独立性和影响力。

上述几种形式，有时是单独使用，有时是结合起来使用，但不管怎样使用，都必须符合演讲的主题和形式的需要，达到阐述自己观点、说服听众的目的。

第三节　辩　论

一、辩论的理论

（一）辩论的含义

辩论又叫论辩。“论，就是议论、讲述；辩，就是辩解、辩明是非或辩驳。”①辩论是一种具有对抗性的思想交锋和语言对攻活动。从口语表达的角度分析，

① 周彬琳．实用演讲与口才 [M]. 大连：东北财经大学出版社，2000：127.

构成辩论起码需要以下几个条件：

一是持不同见解的双方或多方必须处于同一时空环境之中，没有对立就没有争论。思想认识上存在差异、矛盾、分歧是人们发生争论的基本条件。简而言之，矛盾双方还必须处于同一场合之中，争论才可能发生。

二是矛盾双方必须进行直接的、正面的语言交锋。不同见解者在同一场合之中，还必须诉诸语言对抗、交锋，才可能形成思想观点的较量、角逐和论争。彼此间思想矛盾尽管很尖锐，但如果含而不露，不说出来，就很难形成对抗。如同各自高举利剑而不交手，那就不是战斗，只能称为对峙、冷战。抑或矛盾双方也发表意见，侃侃而谈，但四平八稳，不痛不痒，没有锋芒，没有反击，那同样算不上是辩论，充其量只是交谈、交流和讨论。因此，只有当矛盾双方为维护本方立场，施展攻守策略，向对方“阵地”频频发起冲击，才是真正意义的辩论。唇枪舌剑是辩论的形象表现。从这个意义上说，只有语言交锋才是辩论。

三是矛盾双方必须就同一个命题展开辩驳。持不同见解的双方还必须就同一个问题发表看法，提出判断，进行推论，据理力争，以证明自己对，并批驳对方的观点，比较各自论点的优劣、长短和真伪。如果彼此之间在表面上看起来争得唾沫四溅，慷慨激昂，可是仔细琢磨，彼此并不是理论同一个问题，而是各说各话，话题互不搭界。如此盲打盲射，自然很难形成针锋相对的对垒、交火，同样不算辩论。

四是矛盾双方必须以决出胜负为目的。大凡辩论都有明确的目的性。辩论者总是想证明自己的见解正确、对方的观点错误，借以压倒对手，征服对手，让人口服心服。简言之，只有争个水落石出，弄清是非曲直，才是有意义和有价值的辩论。

除此之外，辩手们还应了解辩手位置及每个位置所对应的职责。

一辩是为本队开篇立论。应该通过平实、生动、富有层次的语言，确立本方辩题的概念内涵、内在联系、基本形态和逻辑框架，并辅之实例加以论证。要在评委和观众面前强化本方立场的优势，避免概念模糊或错误、条理不清、语言干瘪。当然，作为先锋，气势和自信是必不可少的。

二辩、三辩是辩论场上的主攻手，是主要的发起攻击者和反攻的发起者。所以这两个位置的辩手要求口才好。这两个位置的选择要有异同性。这点主要是通过不同的应对方式来突出我方观点的重要性。如果这两个位置的风格相同，就不会有更多的特色和经典辩词突显出来。共同性就是辩手都要有良好的心态和缜密的思维方式，这样才能应对不同的规则和提问的方式、内容。

四辩将为一场辩论赛弹奏最后一曲，应该擅长逻辑概括，让陈词始终闪耀着理性和智慧的光辉。一定不要让浮华的辞藻、无谓的煽情、多余的警句、人所共知的格言遮蔽住陈词的光辉，语言只是躯壳，而辩理才是灵魂。当声音戛然而止的时候，评委和观众才能产生发自心底的感动。

综上可知，辩论就是持不同见解的双方围绕某一看法、某一事物，展开辩驳诘问，力求战胜对手。

（二）辩论的一般方法

1. 直接证明

运用事实和道理作论据，证明某个观点的真实性。

（1）归纳法

归纳法是以某类事物中一些对象或全部对象都具有的某种属性作论据，论证该类对象都具有这种共同属性。如果论据涉及某类事物的全部对象，就叫作完全归纳法；如果是部分对象，就叫作不完全归纳法，又称简单枚举归纳法。

简单枚举归纳法比完全归纳法更简便实用，但采用简单枚举归纳法时要注意，所用作论据的对象应尽可能广泛和充分，并且它们都应具有某一属性，没有与此相矛盾的属性。当然，“简单枚举归纳法所证明论点的论据虽然没有例外的情况，但我们不能保证在同一类事物中其他未考察的事物就一定不会出现相矛盾的属性”①。

为了尽量提高不完全归纳法结论的科学性，降低或然性，人类又在实践中创造了科学归纳法。科学归纳法是根据某类事物具有某些共同属性的必然因果联系进行的推论，推出的结论通常反映了自然界和社会中的必然规律。因此，这种归纳法是最重要、最雄辩的一种归纳法，在我们的论证中是常常要应用的。

请看一段辩词：“对方辩友又告诉我们，今天钱本身是一个很重要的手段，是手段就说明它是中性的。如果是中性的话，我想请问各位，怎么还会突然间变成了万恶之源呢？对方提出了大量的例子，告诉我们说有很多人贪钱。姑且不论贪不贪钱的问题，我们只要看一看，这个贪钱本身只是众恶之中的一小部分，如何构成万恶？再者，如果我们说他里面的例子是贪钱的话，那么我请问各位，是钱是恶之源，还是贪是恶之源呢？对方辩友这种只看一半、不看另一半的做法能够

① 郭韬．博弈视域下辩论双方的策略研究 [D]. 南昌：江西师范大学，2017.

让我们大家信服吗？而今天我们认为钱不是万恶之源，不是我们想为钱多说好话，而是想给钱一个确切的定位。我们看到，有人为了钱去做恶事，有人为了钱也去做善事。今天我奉公守法赚钱，与此同时帮助国家发展，是善是恶呢？如果这个万恶之源一时为善，一时为恶，那它怎么还会是万恶之源呢？如果对方辩友告诉我们，这个钱既能够推导出万恶之源，又能够推导出万善之源，那就是告诉我们，它有时是万恶之源，有时又突然间不是万恶之源。那您是不是一半论证自己的立场，一半论证我方的立场了呢？我们姑且把那善的一半掩起来不看，我们仿效对方辩友，只看恶的那一部分好不好？……”

辩手使用了归纳法来构建自己的论证，即钱不是万恶之源，人的行为（如贪婪）才是恶的根源。通过分析具体的例子，归纳出一般性的原则，并以此来反驳对方的观点。这种方法有效地展示了辩手对对方观点的批判性思考，并提供了一个更加细致和全面的视角来看待钱与恶之间的关系。

（2）演绎法

演绎法是引用一些经过实践证明是正确的经典名言，众所周知的科学原理、公理、定义、定理作为理论根据，来印证或推断出一个新的论点的论证方法。它是根据逻辑推理中的演绎推理的思维方法来进行论证。演绎法的论据是两个有普遍性和真实性的前提，目的是推出一个带有个别性、特殊性和真实性的结论。正如恩格斯所说的那样，如果我们有正确的前提，并且把思维规律正确地运用于这些前提，那么结果就必定与现实相符。

（3）类比法

类比法是利用事物之间的相似性类比证明并强化自己的论点，或揭示对方论点的荒谬性，反驳对方论点的方法。其逻辑基础是类比推理。类比推理即根据甲事物与乙事物具有某些相同或相似的属性，进而推出其他属性也相同或相似的逻辑方法。运用类比推理涉及两类事物：一是借来类比的事物，叫类体；二是需要说明的事物，叫本体。类比推理就是以类体证明本体，联类明理，或以类反驳。类体既可以是真实的事物，也可以是虚拟的事物，只要其中包含的道理是人们所公认的，就可以用来说明本体。两类事物之间的可比因素越多，类比就越有说服力。

2. 间接证明

间接证明的方法又叫反证法，就是先用反驳的方法证实与自己论点相反的论点是虚假的和错误的，从而间接地证实自己的论点是真实的和正确的。因为排中律认为：反论题既假，正论题则真。

反证法在辩论中运用很广泛，原因在于它矛头直指对方的错误论点，具有强烈的抗争力，而自己的观点是在对方论点的反面，把对方的论点驳倒了，自己的论点就不言而喻了。在某些不便于正面表态的辩论中，运用反证法更加具有策略性。在诸多策略中，运用比较多的技巧叫反客为主。反客为主又有以下几类：

（1）借力打力

在武侠小说中，存在一种招式，名为“借力打力”，意指内力修为深厚之人，能够巧妙借助对手的攻击力量，对其进行反击。这种策略同样可以应用于论辩的场合。正方之所以能够利用反方的例证反过来制约对方，是因为其背后有一系列未在言语中直接体现的、对于字词重新诠释的坚实理论基础作为支撑。

（2）移花接木

剔除对方论据中存在缺陷的部分，换上于我方有利的观点或材料，往往可以收到“四两拨千斤”的奇效。我们把这一技法命名为“移花接木”。移花接木的技法在论辩理论中属于强攻，它要求辩手勇于接招，勇于反击，因而它也是一种难度较大、对抗性很高、说服力很强的论辩技巧。诚然，实际临场时，双方雄辩滔滔，局势风云变幻，想要更好地使用“移花接木”，需要辩手对对方当时的观点和我方立场进行精当的归纳或演绎。

（3）顺水推舟

表面上认同对方观点，顺应对方的逻辑进行推导，并在推导中根据我方需要，设置某些符合情理的障碍，使对方观点在所增设的条件下不能成立，或得出与对方观点截然相反的结论。

（4）正本清源

正本清源，本书取其比喻义，就是指出对方论据与论题的关联不紧或者背道而驰，从根本上纠正对方论据的立足点，把它拉入我方“势力范围”，使其恰好为我方观点服务。较之正向推理的“顺水推舟”法，这种技法恰是反其思路而行之。

（5）釜底抽薪

刁钻的选择性提问是许多辩手惯用的进攻招式之一。通常这种提问是有预谋的，能置人于“两难”境地，无论对方做哪种选择都于己不利。应对这种提问的一个具体技法是，从对方的选择性提问中，抽出一个预设选项进行强有力的反诘，从根本上挫伤对方的锐气，这种技法就是釜底抽薪。当然，辩场上的实际情况十分复杂，要想在论辩中变被动为主动，掌握一些反客为主的技巧仅仅是一方面，另一方面，反客为主还需要仰仗于到位的即兴发挥，而这一点是无章可循的。

（6）攻其要害

在辩论中常常会出现这样的情况：双方在一些细枝末节的问题、例子或表达上争论不休，结果，看上去辩得很热闹，实际上已离题万里。这是辩论的大忌。想要避免这种情况的发生，一个重要的技巧就是在对方一辩、二辩陈词后，迅速地判明对方立论中的要害问题，然后抓住这一问题，一攻到底，以便从理论上彻底地击败对方。如“温饱是谈道德的必要条件”这一辩题的要害是“在不温饱的状况下是否能谈道德”。在辩论中只有始终抓住这个要害问题，才能给对方以致命的打击。在辩论中，人们常常有“避实就虚”的说法，偶尔使用这种技巧是必要的。例如，当对方提出一个我们无法回答的问题时，假如勉强去回答，不但会失分，甚至可能闹笑话。在这种情况下，就要机智地避开对方的问题，另外找对方的弱点攻过去。然而，在更多的情况下，我们需要的是“避虚就实”“避轻就重”，即善于在基本的、关键的问题上打硬仗。如果对方一提问题，我方立即回避，就会给评委和听众留下不好的印象，以为我方不敢正视对方的问题。此外，如果我方对对方提出的基本立论和概念打击不力，也是会失分的。善于敏锐地抓住对方要害，猛攻下去，务求必胜，乃是辩论的重要技巧。

（7）利用矛盾

辩论双方各由四名队员组成，四名队员在辩论过程中偶尔会出现矛盾，即使是同一名队员，在自由辩论中，由于出语很快，也有可能出现矛盾。一旦出现这样的情况，就应当马上抓住，竭力扩大对方的矛盾，使之自顾不暇，无力进攻我方。

（8）引蛇出洞

在辩论中，常常会出现胶着状态：当对方死死守住其立论，不管我方如何进攻，对方只用几句话来应付时，如果仍采用正面进攻的方法，必然收效甚微。在这种情况下，要尽快调整进攻手段，采取迂回的方法，从看来并不重要的问题入手，诱使对方离开阵地，从而打击对方，在评委和听众的心目中形成轰动效应。

（9）李代桃僵

当我们碰到一些在逻辑上或理论上都比较难辩的辩题时，可以采用“李代桃僵”的方法，引入新的概念来化解困难。“李代桃僵”这一战术之意义就在于引入一个新概念与对方周旋，从而确保我方立论中的某些关键概念隐在后面，不直接受到对方的攻击。辩论是一个非常灵活的过程，在这一过程中，可以施展一些比较重要的技巧。经验告诉我们，只有使知识积累和辩论技巧珠联璧合，才可能在辩论赛中取得较好的成绩。

（10）缓兵之计

在论辩中要正确使用“缓兵之计”，至少要注意以下两点：

其一，以慢待机，后发制人。俗话说：“欲速则不达。”在时机不成熟时仓促行事，往往达不到目的。论辩也是如此，“慢”在一定条件下也是必需的。“以慢制胜”法实际上是论辩中的缓兵之计，缓兵之计是延缓对方进兵的谋略。当论辩局势不宜速战速决，或时机尚不成熟时，应避免针尖对麦芒式的直接交锋，而应拖延时间等待战机的到来。一旦时机成熟，就可后发制人，战胜论敌。

其二，以慢施谋，以弱克强。缓兵之计适用于以劣势对优势、以弱小对强大的论辩局势。它是弱小的一方为了战胜貌似强大的另一方而采取的一种手段。“慢”中有计谋，缓动要巧妙。这里的“慢”并非反应迟钝、不善言辞的同义词。

二、辩论训练

在辩论的社会实践活动中，赛场辩论是最典型、最激烈、最具挑战性的。如果一个辩者经过训练，具备了辩论的知识和技能，在其他辩论活动中，只要结合有关的专业知识和行业规定，就能够施展辩论才华，达到辩论的目的。

（一）辩论的知识训练

《唐太宗李卫公问对·卷上》中指出：“正而无奇，则守将也；奇而无正，则斗将也；奇正皆得，国之辅也。”和用兵一样，立论也强调“以正合，以奇胜”。“以正合”是指建立的逻辑理论框架应该是堂堂正正的，用观众在思考这个问题时大都会使用的解读方式，讲观众大都可以接受的道理。而“以奇胜”则是强调辩手自己的思考，利用理论逻辑框架创造性地去解释种种对方可能提出的问题，甚至发现对己方有利的论点。

一个人知识的储藏量是他能够灵活、准确乃至幽默辩论的必要条件，渊博的知识固然与一个人原有的知识结构及平时积累分不开，但在涉及具体的辩论事宜时，还应进行高强度的知识训练。

1. 相关的学术讲座

举行有针对性的、高质量的学术讲座，让辩者从以下方面受益：一是了解有关学科的最新动态，长见识，开眼界；二是学习学者们的演讲风格、治学态度与方法。

2. 大量阅读做卡片

在辩论活动前期，辩者应有选择地从多种途径获取相关知识，同时做一些名言警句卡片、数据卡片、观点事例卡片、读后心得卡片等，只有这样，才能厚积薄发。

3. 反复研读案例

辩论者的临场发挥很大程度上依赖于联想与方法技能的巧妙运用，而联想是需要类似经验与经历做基础的。研读一些辩论的案例是增加经验积累的有效方法，其可以为平时的方法训练提供摹本，为辩论时提供灵活、稳妥的攻防路线。

（二）辩论的反应训练

辩论的反应训练要求达到的目标是快速、准确，即在听到对方的发言之后立即作出是攻击还是防守的决定。

1. 快速反应能力训练

在辩论中，尤其是自由辩论，双方辩手你来我往，争得不亦乐乎。但是有人发现，这种貌似热闹的争论未必都是针锋相对，有的只是将自己准备好的材料抛出去而已。人们希望看到存在真正交锋的辩论，这一要求体现在辩手需有快速的反应能力方面，可以做如下训练：

请一位辩手说一段一分钟的即兴演讲，当然这一演讲必须观点清楚，有少许论证。然后请第二位辩手就第一位辩手的观点做出反应，进行即时批驳，时间也是一分钟。然后再由第一位辩手反驳，如此循环。要求是辩手必须互相找出可反驳的攻击点进行反攻，在此过程中没有立论也可以。这一互相反攻的过程像在打乒乓球，锻炼的不是手而是反应能力。

经过一段时间的训练，可适当缩短辩手发言的时间。这个难度显然比前一阶段要大，能够提升辩手直击问题的能力。

2. 针锋相对的能力训练

针锋相对也是辩论中一个转换话题的辩论技巧。这一训练方法的操作是这样的：两个辩手为一组，一个辩手先提出一个观点，第二个辩手马上就观点提出问题（可以是反问，也可以是疑问），第一个辩手再马上回答第二个辩手的提问，如此循环。

在辩论中，这种问与答是经常见到的。有的辩手对提问采取回避的态度，直接去讲别的问题，当然引不起针锋相对。正确的辩论态度是有问必有答，当然，如何答得巧妙就靠反应了，有问必答的反应训练就是训练辩手的基本功。除有问必答外，辩手也不能总是做被动方，不能总跟着问方辩手走，必须主动地提出问题，这就是有答必有问的辩论技巧。如果对方辩手回答了，那么就要立即想好再次进攻的方法；如果对方辩手回避了问题，那么在这一回合中胜方就是己方。

（三）“抓漏”能力训练

在辩论中，抓漏是很有效果的一种技巧，因为抓到的往往是听众、观众认同的漏洞，即辩手常说的“常识性的错误”。可是抓漏也并非人人能够抓住，反应快的辩手在辩论中常常占上风。辩论的抓漏分为事实抓漏、逻辑抓漏、语法抓漏、表达抓漏等，这就要求辩手迅速地判断、抓漏和反击。抓漏的方法是：由指导教师说出命题，由辩手抓漏，第一步先讲出命题有没有错，第二步说出错在哪里，第三步用一句辩论语言进行攻击。这称为“抓漏”三步走策略，这三步其实也是抓漏的一个反应过程。

第四节　交　谈

一、交谈的意义

交谈是两个人或许多人在一起说话，是人与人之间最直接、最简便、最广泛的一种口语表达活动，是人们进行思想沟通、信息传递、切磋学问、感情交流的一种最基本、最常用的语言表达形式。据统计，每人平均每天至少要用一个小时的时间同别人交谈。

交谈包括非实用性交谈和实用性交谈两种类型。非实用性交谈是指无确定内容与目的的交谈，如寒暄、聊天等，它的作用不在于传递信息，而在于融洽气氛与交流感情。实用性交谈则是内容具体、目的明确的对话，“广泛用于社会生活的各个方面，如谈判、洽谈工作、切磋学问、咨询问答、调查采访及普通话水平测试谈话等”[①]。

交谈是生活的纽带，是交流思想、建立良好人际关系的重要途径。得体的交谈已成为显示自己的社会作用和生命价值以及争取社会理解和帮助的一种可靠手段；交谈是学习各种文化科技知识、增长各种社会实践才干的重要途径。中国有句古话：“听君一席话，胜读十年书。”这是对交谈教育作用的生动比喻。

二、交谈的要求

（一）看对象

话是说给别人听的，讲话不仅要看话语是不是恰到好处地表达了自己想要表达的内容，还要看别人能不能准确理解、乐于接受。如果你说的别人听不懂或者压根儿不想听，讲话的意义就有待商榷。因此，在口语表达中，对象不同，说话的内容、态度、语气、方式、方法也不尽相同。交谈时应了解清楚对方的姓名、籍贯、大致年龄、职业、职务、愿望、性格、文化素养、家庭情况、身体状况、嗜好、忌讳等，以便取得良好的表达效果。

（二）看年龄、性别

年龄不同、性别不同的人有着不同的人生阅历和人生体验。未谙世事的小孩的思维直观形象，他们喜欢形象、简易、富于幻想色彩的口语表达；青年人的生活丰富多彩，时代气息浓厚，他们喜欢时代感强、富有哲理、节奏快的口语表达；中年人肩负着家庭和事业两副重担，讲究务实，喜欢朴实、明快、实用的口语表达；老年人人生经验丰富，他们喜欢稳重、含蓄、谦逊的口语表达。在性别上，男士一般坦诚直率，口语表达通常表现为开朗奔放；女士则文静，情感细腻，因而一般喜爱温和、婉转的话。

（三）看心境、性格

俗语说：入门休问枯荣事，观看容颜便得知。有经验的谈话者都善于观察分析交谈对象的心境特征、性格特点、兴趣、欲望。不同性格、气质的人，对交谈有不同的要求。外向的人对开朗、活泼、直爽的话更感兴趣，性格内向的人则对沉静、稳重、坦诚的话更易于接受。

---

① 李云翔，刘家利．普通话口语交际 [M]. 天津：天津科学技术出版社，2016.

交谈对象心境舒畅愉快时，易于接受活泼、轻松的表达；心境烦躁、消极时，则更易于接受镇静、安详的话语。人们的需求与兴趣也千差万别，努力进取的人，希望得到事业、工作上的指导与建议；生活困难者，希望得到致富方面的信息；书画爱好者、棋迷、球迷、歌迷，都有自己专门爱好的“兴奋点”。说话人只有对听者的心境状况、性格特征、兴趣、欲望加以充分考虑，才能使交谈双方产生共鸣。

三、交谈的技巧

（一）拜访时的语言技巧

1. 起始语

到了被拜访者的家门口，要先轻轻地敲门，或者短促地按一下门铃。即使门开着，也应礼貌地问一声：“请问，×× 在家吗？”或者问：“请问，屋里有人吗？”听到回答后再进入，不要贸然闯入。同主人见面后，应立即打招呼。至于怎样打招呼，应根据拜访的形式和内容而定。初访往往比较慎重，一般可以用这样的话打招呼：“一直想来拜访您，今天如愿以偿了！”“真对不起，给您添麻烦了。”“打扰您了，真不好意思。”重访只需简单地说一句“好久没有来看您了”，或者“我们又见面了，真高兴”。关系密切的，不妨以玩笑的口吻说：“我又来了，不招您讨厌吧！”

回访体现的是“来而不往非礼也”的传统习俗，目的大多出于礼仪或答谢。打招呼时，一般可以这样说：“上次劳驾您跑了一趟，我今天登门拜谢来了。”或者说：“上次托您办事，一定给您添了不少麻烦，今天特地登门拜谢。”礼仪性拜访时，进门语要与有关的祝贺、酬谢的内容联系起来。例如：“听说您生病住院，今天特地来看望您。”又如：“听说您的儿子已被 ×× 大学录取，特赶来祝贺。”

2. 会谈语

会谈语应注意以下几个方面：一是节制内容。主客寒暄之后，客人应选择适当的时间，言简意赅地说明自己的来意，以免耽误主人过多的时间。二是节制音量。登门拜访时，无所顾忌、高谈阔论会搅乱主人及其家属安静的生活，引起主人的反感。因此，客人交谈应降低音量，声音大小保持适度，千万不要敞开嗓门说话。三是节制体态语。人们常说，听其言还应观其行。主人对客人的印象来自听觉和视觉两个方面。作为客人应举止文明，避免得意忘形、手舞足蹈。

3. 告别语

告别语的使用应注意以下几点：一是同起始语相呼应。例如：“再见，再次感谢您的帮忙。”“今天初次拜访，十分感谢您为我花了这么多时间。”二是客人在辞别时，应对主人的热情款待表示谢意，并请主人留步。例如：“十分感谢您的盛情款待，再见！”“就送到这里，请回吧！这件事就拜托您了，谢谢！”

4. 拜访的注意事项

第一，拜访时间的选择对于实现拜访目的有很大的影响。一般来说，清晨、吃饭时、午休、深夜均不宜登门拜访。

第二，万不得已做了不速之客，一见面就要说：“真抱歉，没打招呼就这么跑来了。”

第三，拜访时交谈的用语和口气，要顾及对方的辈分、地位等，还要看相互间的关系。

第四，拜访者不要忽略适当同主人的家属交谈。

第五，如果是多人拜访，不要一个人抢着说话，要让大家都有机会说。

第六，对主人的敬茶应表示感谢。

（二）交谈时的打招呼技巧

中华民族自古就讲礼仪，见面打招呼，早已是常识。所以，招呼语成了礼貌语言的一个重要组成部分。它主要用来认定与交谈对方的关系，也可作为交谈的起始语。常用的招呼语一般有称呼式、寒暄式两种。

1. 称呼式

称呼式用语有尊称和泛称两种。尊称是指对人尊敬的称呼。现代汉语常用的有：“您”“您好”“请您”；“尊姓大名”“大老板”；“您老近来辛苦了”“郭老”等。泛称是指对人的一般称呼。例如，张总、马处长、赵厂长、李老师、王书记、宋伯伯、同志、先生、师傅、小姐、小李、老人家、老先生等。需要注意的是，在一些特殊场合中，称呼要恰当得体。

如果表达者开口的称呼使别人反感，那他的话别人还愿意听吗？当然也并非把人称呼得越年轻越好，如果小朋友对老年人称大姐、大哥，也同样会引起反感，因为它不得体。别人明明是夫妻，由于有的人看起来较年轻，有的看起来较显老，你就断言人家是父女，或当众问女士的年龄，毫无顾虑地提及别人的隐私，触及别人的伤疤，使人尴尬难受，这些都是说话不得体的表现。

下面这些词语都可以找到更合理的说法：老头儿—老大爷、老爷子；老太婆—老太太、老婆婆；肥胖—丰满；消瘦—苗条；狡猾—机灵；顽皮—活泼、天真；破坏—损坏、弄坏；愚蠢—老实；迂腐—书生气；顽固—保守；巴结—过分热情；矮小—短小精悍；懒惰—会保养；恶作剧—玩笑开得有些过分；差生—学习效果不够理想；粗俗—不拘小节；贪吃—胃口好；暴躁—易激动；大肚子—将军肚。选用哪一种说法必须看语言环境，灵活运用。

2. 寒暄式

寒暄是交谈双方见面时相互问候的应酬话。人们交谈伊始，都要说上几句应酬话，以沟通彼此之间的感情，营造出和谐的气氛。常见的寒暄方式是应酬，如早晨去上班，在门口碰见邻居买菜回来，问一句："买菜？"对方随口回答："哎，买菜！"并反问："您去上班？"虽然双方都是明知故问，但彼此都作了友好的表示。寒暄语还有问候式，如"早上好""最近工作忙吗""身体可好"；表示亲切关怀的祝愿式，如"新年快乐""恭喜发财""生日愉快"；传达美好情意的赞美式，如"你看上去越来越年轻了""你真潇洒（漂亮）（用于熟人）"；礼仪式，如"很高兴和大家见面""欢迎大驾光临""久闻大名""很荣幸和您认识"；搭讪式，如"天气多好""车厢里真挤"。

这种寒暄语，用于熟人之间的交谈，可以融洽气氛，增进彼此的感情；用于陌生人相聚，常常是交谈的开场白，可以打破僵局，拉近彼此的距离。寒暄是人际关系的润滑剂。无论哪一类型的寒暄语，使用都不宜过多，而且用语要掌握分寸，恰到好处，不能胡乱吹捧，或"查户口式"地问个不停。

（三）交谈中的赞美技巧

一个人对于世界上美好的事物，都会感到倾心和仰慕。山的崇高、水的清澈、花的娇艳、月的皎洁，都使人们心生向往。能诗能文的人，总要挥笔赞美它们、歌颂它们，有些篇章还能传诵千古。即使那些从来不动笔杆的人，在山巅水畔、花前月下，也会发出感叹："这花多香啊！""今晚的月光真好啊！"……

在人的身上可以赞美的事物比自然界多上千倍万倍。对于历史起推动作用的，有创造力丰富的科学家和艺术家，勤勤恳恳为社会服务的人们……诸如此类，都值得一赞。即使没有特别技艺的人，他们的性格上也有或多或少的优点：这个人豪爽，那个人和蔼；这个人大方，那个人细心，都值得赞美。总之，凡值得一赞的事，都不妨去赞美。

美国哲学家约翰·杜威说:“人类天性中最深切的冲力是‘做个重要人物的欲望’……”林肯有一次在一封信的开头说:“每一个人都喜欢人家的赞美。”威廉·詹姆斯说:“人性中最深切的禀性，是被人赏识的渴望。”

“领导经常赞美下级，下级的积极性、创造性会被激发、调动，会把工作做得更好。”[①]父母经常赞美孩子，丈夫经常赞美妻子，会使家庭气氛和谐、欢乐。恰当的赞美是对别人的欣赏、感谢，是表示敬意。赞美可以获得别人热心的帮助。

赞美犹如阳光，人人需要。特别是那些自卑感强的人，他们一旦听到别人当面真诚的赞美，就有可能尊严复苏，自信心倍增，精神面貌焕然一新。爱听赞美，绝不是虚荣心强的表现，而是渴求上进，寻求理解、支持的表现，是出于人的自尊心的需要，是一种正常的心理需要。马克·吐温说:“我能为一句赞美之辞而不吃东西。”

第五节 主 持

一、主持概说

（一）主持的概念

在社会生活中，为了保障正常的工作秩序和生活秩序，需要开展各种形式的信息交流活动。“在活动中需要有人组织、引领、串联话题，主持人就这样产生了。”[②]我们可以给主持人下一个通俗的定义：负责文化活动或工作活动的编排、组织、解说以及对活动实施过程加以积极协调和有效推进的人。广义的主持人指大小会议、喜庆仪式、联谊活动、文艺演出、演讲、辩论、广播电视节目等各种活动的主持人。狭义的主持人则专指广播、电视各栏目的主持人。

（二）主持的分类

根据主持的内容，分为社会活动的主持，如主持会议、典礼、竞赛等；文化活动的主持，如主持文艺演出、舞会、联欢会等；广播电视节目的主持，如主持新闻节目、访谈节目、娱乐节目等。

① 马春燕. 汉语多人会话结构分析与性别建构研究 [D]. 杭州：浙江大学，2014.

② 杜晓红. 播音主持艺术简明教程 [M]. 北京：中国传媒大学出版社，2018.

根据主持人在活动中所担负的职责，分为报幕式主持和角色主持。前者（如主持报告会）的职责是向与会者介绍会议事项和报告人，宣布会议开始和结束。后者（如主持文艺晚会）是晚会的重要角色，在活动的开始、中间、结尾都很有“戏”。

按照主持的口语表达方式，分为报道性主持、议论性主持和夹叙夹议性主持。例如，大型会议，多用报道性主持，一般只简单介绍发言人的姓名和发言题目等情况；演讲和竞赛多用议论性主持，主持人要对每个参赛者进行简略的评议；文艺活动则往往采用夹叙夹议性主持，主持人要对节目进行引叙、概括，多采取夹叙夹议的方式。

按照主持人的数目，分为一人主持、双人主持和多人主持。政治性活动、小型活动、严肃场合多用一人主持；一般性文化活动多用双人主持，通常是一男一女，男女声交叉；大型文艺晚会、大型联欢会、大型游园会以及各种喜庆场合多用三位或三位以上主持人。

（三）主持的作用

1. 串联节目（程序）

无论是会议，还是电视广播节目，都有一定的主题。表现主题的各个节目虽然在内容上互相关联着，可是在外在形式上是分散的。主持人的任务就是将这些分散的内容运用恰当的语言有机地组合起来。其组合是为了搭建不同节目之间、节目与主题之间的联系。对于主持人而言，这种联系可以是提前准备的，也可以是现场即兴的。主持人可以提前将节目信息与主题整理融合，提炼出共通点，并制作串词手卡，也可以根据现场表演的具体情况在原有串词上做出即兴的修改。

2. 传递信息

主持人的节目（程序）串词包含的信息量越多，越能吸引听众或观众。主持人在主持时总会尽量根据节目（程序）的中心内容，准备许多辅助内容，适宜地将它与中心内容配合在一起。这样，主持人就不只是一个报幕员、一个内容的串联者，而且是一个重要的信息传递者，成为很多活动不可缺少的角色。

3. 感染受众

主持人在主持会议或广播电视节目时，还起着把握和控制现场气氛的作用。我们经常看到，观众或听众的情感被主持人引导，其原因就在于主持人出色的口才引起了人们强烈的情感共鸣。

（四）做好主持人的条件

1. 丰富的文化素养

丰富的文化素养是成为一名主持人的基本条件。出色的主持人应该具有学者的内涵，成为自己所主持门类的半个专家。并非有了某专业的本科或大专文凭就可以成为一名出色的主持人。真正要做到这一点，还要对社会科学、自然科学方面的知识，诸如历史学、地理学、经济学、文学、美学、社会学、心理学、物理学以及现代科技知识等兼收并蓄。

主持人的知识不仅要力求“专”与“深”，还应求取“广”与“博”，有必要当一名“杂家”，上知天文，下知地理，对古今中外的史料典故、名人逸事、风土人情和宗教信仰等都有所了解。

2. 良好的心理素养

人们的一切行为都是在一定的心理支配下进行的。有时，一个人心理素养的高低往往会成为其事业成功或失败的关键。尤其是主持人，其能否承受主持节目的压力、社会的压力、环境的压力，能否面对竞争压力创造出更好的、广为受众欢迎的节目，“在某种程度上往往取决于其是否具有很高的心理素养”①。具体来说，主持人培养和锻炼心理素质应注意 4 个方面的问题：交流的欲望、恰当的自信心、强烈的语感、优良的自我控制能力。

3. 敏锐的观察力

主持人使用的语言具有鲜明的临场性，不是所有口齿伶俐、能够滔滔不绝地表达自己想法的人都能当好主持人。主持人只有拥有一双敏锐的眼睛，才能细致地针对场上各种复杂的情况进行观察，并且快速地做出正确判断，从容地控制全场。

4. 准确的记忆力

主持人要记住与主持活动相关的大量信息，只有把很多数字、资料、典故、趣事等都记得毫无差错，主持时脱口而出，才能得到受众的信任和欣赏。一个主持人即使播报一个小节目，也要拿着节目单照本宣读，观众对他的“信任度”立刻就会下降。

5. 灵敏的应变力

快速地开展思考，准确地进行综合与判断，巧妙地根据所在场合的群众情绪、

① 迟茜．浅析广播电视主持人即兴口语表达能力的提升 [J]. 新闻研究导刊，2021，12（1）：120–121.

气氛和突发的新情况调整语言并做出处置，这一切对于主持人来说都十分重要。主持人要注意培养良好的控场应变能力，学会化解因某种失误而造成的僵局。

在《“湾区升明月”2024大湾区电影音乐晚会》的演出现场，主持人不仅需要承担串联各节目的重任，还要积极与现场嘉宾及观众进行互动交流。从某种程度上讲，节目中的互动性增强，现场突发状况的概率亦会相应提升。在此次晚会中，主持人便遭遇了由舞台技术故障带来的紧急情况。

晚会进行到2小时17分时，由于现场出现技术问题，直播被迫中断。技术修复与调整节目流程都需要时间，对于电视机前的观众而言，只要演出能够继续，问题并不算严重。然而，对于现场的观众而言，若无人出面应对这段技术修复时间，问题将变得十分棘手。但是，主持人凭借其出色的临场应变能力，成功化解了危机。她说道：“亲爱的朋友们，此刻我们身处澳门。如果你来到澳门，漫步在澳门半岛的亚婆井前地，你会看到一座具有岭南风格的大宅，那里便是世界遗产澳门历史城区的组成部分——郑家大屋。这是中国近代思想家郑观应的故居，他为后世探索国家与民族的发展出路提供了丰富的思想资源，也使得澳门成为海外华人的精神故乡。”随后，她又以节目《家》为切入点，对现场的嘉宾进行了采访，说道：“感谢大家为我们带来了温暖的家。其实，说到家，我相信每个人都有自己独特的情感与记忆，还有独属于家的味道。”主持人借助节目的主题，巧妙地将其转化为互动的话题，从家聊到家乡美食，为技术修复赢得了时间，确保了现场演出的顺利进行。

6. 得体的态势

微笑是主持人最好的非语言信号之一，是影响观众心理和情绪的主要因素。主持人是群众忠实的“服务员”，只有热情诚恳、亲切自然的语态，才能架起沟通的桥梁。主持人是纽带，主要起烘托舞台的作用，绝不能自我膨胀、角色定位不明，以至于侵占舞台。积极的状态，良好的体态，稳定的心态，在节目主持中缺一不可。这里的态势具体指良好得体的体态。主持人的体态按部位又可细分为头、肩、手、腿、脚，按运动状态分为行走与站立。头部的晃动、肩膀的耸耷、手臂的摇摆，以及腿、脚和蹲、站、走时的姿态，都会影响主持人主持活动时的表达。

7. 明快的表达

冗词赘语是主持人语言的大忌，主持人说话要轻松洒脱、简洁明快，或带一些风趣与幽默，或做一些形象生动的描述，这样方能统摄全场。另外，主持人的语言风格也要根据不同的场合而有所不同，如文艺节目的主持可以活泼点儿，而会议主持就要严谨简练。

二、主持的基本技巧

（一）语言技巧

语言是人们的基本交际工具，也是人们思维的基本工具。传递信息、传播知识，都离不开语言。

主持艺术从一定意义上说就是语言的艺术。主持人语言的质量直接决定着节目的效果。因此，节目主持人出众的语言表达能力是最重要的素质。语言表达的灵感与策划创意有着密切的关系。语言表达能力强的主持人，往往能够在主持节目时随机应变，思维敏捷，在节目主持中大展风采。

语言是主持人文化知识素养的载体。有时主持人主持节目时会有“无话可说”的现象，在编辑串联节目时感到没词，不能切中要害地对新闻事件进行准确评论等，这都是语言素养有所欠缺的表现。节目主持人要想出口成章，“在各种不同的场合都能随机应变、驾驭自如，就必须加强对语言的学习”[①]。

1. 主持人的语言素养

具体来说，主持人的语言素养包括以下特征：

（1）音色的悦耳和谐

严格地说，“音色”并不属于“语言”的范畴，但主持人的语言毕竟离不开语音这一重要的物质外壳。主持人的音色要“悦耳”，因为悦耳才能“悦心”，从而使观众产生精神情绪的愉悦和熨帖。但声音的“悦耳”不是唯一的审美标准，它只是人们在审美过程中因声波规则振动而最容易通过听觉器官产生的愉悦感，是人们普遍需要的基本的审美标准。除此之外，“和谐”的标准也非常重要。和谐是审美的一个普遍性原则，在主持人主持节目时，音色的和谐有着突出的实践价值。

（2）语言规范标准

除了地方性很强或有特殊视听对象的节目以外，广播电视节目主持人都应以普通话为播音语言，这是毋庸置疑的。普通话是以“乐音特色鲜明，音节分明洪亮，声调抑扬有致”的审美特征而取得“标准音”地位的。因此，普通话的运用就成为主持人主持节目的自觉要求了。而追求语音的完美也应成为节目主持人的

① 敬一丹．我们能胜任即兴口语表达吗？ [J]. 语言战略研究，2020，5（5）：5-6.

自觉要求。在《中央广播电视总台2019主持人大赛》的节目中，主持人撒贝宁在串场和嘉宾康辉打趣时说："康辉现在还有一个新名字，叫作当代怼（duǐ）言大师。"此话一出，康辉立马回应道："不是怼（duǐ），是怼（duì）。"从该处可以看出，作为央视选拔播音员、主持人的节目，对于语言规范要求极高。无论是参赛者、评委嘉宾还是主持人，都应避免各种语音错误，力求语言规范。在有的节目中如果出现嘉宾用语不规范，说了一些地方俚语，主持人还要充当翻译，用规范的语言再解释一遍，这样才有利于普通话的普及以及节目的传播。

（3）词句适切精要

汉语遣词用句可以达到风格、意境、形式等方面的美学效果。"词无好坏，用有高低"，这是修辞学的一个结论。主持人的语言活动通常伴随着复杂的环境，对此主持人要有"语境"感，"到哪儿山，唱哪儿歌"，知己知彼、适情适境。主持人遣词用句在适切的前提下应当做到精益求精、要言不烦，这样才能充分发挥中华语言艺术瑰宝的魅力。

2. 主持人的语言特点

在实际操作中，主持人的语言应具备以下特点：

（1）明显的对象感

对象感是主持人在主持节目时的一种心理状态。一般来说，节目主持人都是用第一人称——"我"与受众交流的。对象感是主持人调动自己的情感进入兴奋状态、激发主持欲望的重要手段。

（2）交流式的语言

节目主持人与受众交流时是双向的，这种"双向"决定了谈话的方式。交流式的语言不仅可以使受众产生参与感，而且可以使受众与主持人之间产生一种平等的关系，进而产生亲近感，增加节目的吸引力。

（3）灵活的即兴表达

由于主持人在主持节目时的语言往往不是照稿念的，而是根据现场的具体情况、不同的话题和情绪等即兴表达的，因此具有很大的灵活性。即兴的现场语言表达能力是衡量主持人水平的重要标准之一。

（4）鲜明的个性

主持人是以"我"的身份与受众交流的，因此语言必然具有个性色彩。主持人的语言是艺术的语言，主持人的创作也是语言艺术的创作，必然带有明显的技巧性和美学意义。主持人是传播链上一个非常重要的环节，处于双向交流两方的最前沿，最方便、最直接地体现着传播者的意图和接受者的愿望。通过艺术语言的创作，满足交流双方各自的审美需求并使其获得信息，是主持人的唯一任务。因此，语言的技巧意识和技巧水平对于主持人来说，就显得尤为重要。

3. 主持人应具备的语言技巧

（1）大致把握全局，精心处理局部

主持人是节目的直接传播者，也是集体智慧的体现者。虽然每个节目都有制片人、编导、监制等对节目进行统筹安排、总体负责，但是主持人由其特殊的传播位置所决定，不可能只是单纯地做一项工作，是节目传播过程中的核心。主持人对节目整体的渗透、参与和把握，是实现预期传播效果的关键。许多主持人对于节目现场的应变能力和控制能力，实质上都是在对节目有了全局的了解和把握后才具有的。主持人的语言技巧体现在对全局的把握和对局部的处理上。真正高明的控场是无形的、潜在的，是受众自己的一种深刻体会与体验，并非主持人在节目中的刻意表现和对观众的技巧提示。

（2）关注社会，丰富思想

优秀的节目主持人，形于外有出色的言语表达技巧，形于内有丰富的思想，并以良好的心理素质为基础。内心感受是外部客观事物作用于人之后的心理感应和体会。主持人如果缺乏内心感受和体会，其言语的表达技巧就会成为一个空壳，苍白、没有生气，或者花哨、浅薄，流于声音的简单形态，言之无物，味同嚼蜡。

（3）声音技巧

有声语言的表达技巧是以声音为基本创作手段的。对声音的强弱、高低、明暗、厚薄、虚实、刚柔，气息的深浅、快慢，以及气息和声音的收放等问题的处理是首要的语言技巧。

气息对于声音的控制是非常重要的。训练规范和状态良好的主持人，气息要达到深吸、匀呼、通畅、灵活。

喉部是声音的发生点。喉部放松，声带才会在气息的冲击下发出乐音；喉部紧张僵硬，声带就容易疲劳，从而导致声音难听，甚至发不出声音。喉部用力均匀、有序、适度，才能做到发音自如、富于变化。

口腔是语言的制造场。唇、齿、舌、腭等器官相互配合，发出清晰有力的语音，都有赖于制造场提供的空间。同时，主持人采用以口腔为主、胸腔和头腔为辅的共鸣方式，可以美化声音，并使之圆润、宽厚和丰满。

声音对比度越强，层次越分明、越细致，有声语言的表达技巧就越丰富、越富有色彩，语言的表现力和感染力也就会越强。

（4）语言表达技巧

在具备高超的声音技巧后，主持人应该进一步认识和掌握语言的表达技巧。

①情感调动

情感调动是主要的内在技巧。情感是所有有声语言表达的核心，而情境再现则是运用想象力，营造出一个即时的规定情境场，使主持人在这一情境场中激发和调动起自己的情感，先感动自己，再去感动受众，并将受众也吸引到这个“场”中来，进而达到双方的共时同步。

②外部技巧

外部技巧是将内在的感情表达出来的技巧，也就是人们通常所说的打动人心的有声语言技巧。外部技巧的运用与内部认知建构的有机统一是主持人语言成熟的标志。外部技巧主要有停连、重音、语气、节奏等几个方面。

主持人有声语言的传达，从内到外都具有极强的技巧性，而这种技巧是后天形成和培养起来的。为了更好地传情达意，主持人必须加强口耳之技的听说实践，最终把有意识的技巧训练转变为下意识的技巧运用。

（二）主持节目用语技巧

1. 开场语技巧

开场语又称开场白、导入语，是主持人在节目（程序）刚开始时说的话。对于主持人来说，开场语很重要，它关系着整个节目的成败。一档节目是否能吸引受众，开场语起着关键作用。开场语是主持人在基础训练中必不可少的。

主持人在说开场白时，一定要注意以下四点：

第一，语言精练而有力度，简单明了，让人一听就明白。

第二，话语要给人耳目一新的感觉，或引起，或布疑，或着力与观众“套近乎”。

第三，要符合本人的主持风格，但不能天南地北地乱扯、胡侃特侃。

第四，与下面的节目要自然过渡，不能脱节；说的话最好与下面要讲的节目内容相符。

2. 衔接语技巧

主持人既是节目现场的组织者，又是节目的主持者，要推动节目的进程、实现节目的意图，使节目的各部分成为一个整体，需要既能应对新情况，又能将看似不相关的节目环节或节目内容组合在一起。这是主持人出色主持一个节目或会议的重要技巧。主持人在这种情况下说的话就是衔接语，也称作串场词。

主持人的衔接语在节目中起着承上启下、设置悬念、铺路搭桥的作用，是真情的流露。在说衔接语时，主持人要根据节目现场所发生的事件给予总结，然后即兴说话，要说得恰到好处、情真意切，为节目增添热烈气氛。

衔接语可以是即兴式的，也可以是独白式或对话式的。任何节目中都有衔接语。衔接语可以使节目得到升华，因此，主持人要注重这方面的训练。

3. 点评语技巧

“点评”，就是要言不烦地评价或评论。点评是通过由此及彼、由表及里的议论，或点明要害，或启发思考，有助于揭示或升华节目的主题。点评语是主持人在主持过程中重要的语用方式。在节目中，它起着画龙点睛的作用。点评语是主持人知识积累的升华，适时地运用点评语，会使节目丰富多彩；精彩的点评语，往往透露着主持人的敏锐和机智。主持人要想适时说出精彩的点评语，平时就得多注意这方面的训练。

主持人点评是在动态语境中的随机性表达，是以思维反应的灵敏性为前提的。主持人要想较快地对听到、看到的内容发表见解，必须从感性认识上升为理性认识，这样才能做出分析和评价。

点评语的语用策略有以下几点：

（1）点有选择，评有针对

点评者掌握着话语的主导权，所以不能兴之所至、妄加评说，对于在什么地方安排点评、针对什么而说、想达到什么目的，要做到心中有数。

（2）把握分寸，点到为止

点评需要实事求是，不能偏激，更不能信马由缰，说话必须简练，而且要有语义的“过滤意识”。

（3）有感而发，适时切入

点评通常是一种即情即景的有感而发，主持人需要把握时机，靠的是灵活的应变能力。

（4）借助语势，顺题立论

点评通常是与嘉宾、来宾共同完成的评论，可以在顺应对方观点或语脉的前提下，来个语义的引申、补充、强化，所以运用点评语应注意对语境的利用。

（5）形式多样，力求贴近

点评的话语形式可以是议论，也可以是抒情；可以是述中有评，也可以是评中有述；可以是有哲理性的深刻评价，也可以是平白的调侃……

4. 终结语技巧

终结语是主持人在节目即将结束时说的话。任何一个节目都有始有终，不管节目内容如何丰富，在节目的最后，观众的理解接受有的可能还停留在感性的层面上，有的可能还需要帮助消化，“这时主持人在终结语中就可以把节目的意图说出来，或进行概括、总结，或提醒、指导”[①]。需要注意的是，终结语不一定非得说上一大段话，有时候水到渠成，不需多说就不必再说，以免画蛇添足。

第六节　求职应聘

如何在激烈的竞争中脱颖而出，如何把握面试机会，迈进理想的职业大门，除了提高个人修养、加强专业学习、提高专业技能水平，还有一点，就是通过施展自己的口才，在求职应聘中赢得机会、赢得竞争、赢得岗位。

一、求职应聘的准备

求职应聘，会有许多竞争对手。要想在竞争中战胜对手，事前要做好多种准备工作，不打无准备之仗。以下几点是要做好充分准备的：

（一）知彼知己，胸中有数

每个人都有自己的奋斗目标，在谋求职业时，都希望能找到一份称心如意的工作。当然，在现实生活中，有的人如愿以偿，有的人却到处碰壁。究其原因，重要的一点是能否知彼知己。求职应聘前先应该考虑的，就是所求职的单位是个什么样的单位，用人单位需要什么样的人，然后考虑自己是不是该单位所需要的那种人，能否求到自己所希望的那份工作。

《孙子兵法》云：“知彼知己者，百战不殆。”这句话对于求职来说，同样适用。要想在求职尤其是面试时应对自如，在竞争中胜人一筹，就需要在求职前深入细致地做到知彼知己。“知彼”了，才能根据用人单位的要求，做好积极的准备，

① 满静．节目主持人即兴口语表达中的创造性思维研究 [D]. 成都：四川师范大学，2019.

如材料准备、面试问答准备等，才能尽量多设计一些问题和解决问题的方案；“知己”了，才能主动选择适合自己的单位，轻松地做好各方面的准备。

有的大学生刚毕业，满腔热情地想干一番大事业，进大企业、大公司，而且最好能担任“大”职位。好高骛远是求职者应聘时不应该有的心理。客观地说，大学生虽有学历，但缺乏经验，这就需要转变一下“大”的观念，从“小”处着眼。

（二）心理准备，沉着自信

心理素质是大学生在学习生活中应该着力培养的重要素质。在求职应聘中，心理素质会直接影响应聘面试成绩。做好心理准备，就是调整好自己的心态，以沉着自信的良好形象，应对求职过程中的各种情况。[①] 每个求职者都有一个美好的愿望，即拥有一份属于自己的理想工作。但真的走向人才市场后，面对招聘人员时，有的人心慌意乱、语无伦次，让机遇从身边悄悄地溜走；有的人求职有望便沾沾自喜，得意忘形；有的人求职不成便气急败坏，懊恼沮丧。这些都是心理状态不好的表现。

自信是心理素质好的重要体现。求职成功固然可喜可贺，但应聘失败也不必心灰意冷。成功了就要认真做好上岗准备，失败了大不了从头再来。大学生求职应聘中的沉着自信，不仅表现在举止上，即要彬彬有礼、落落大方，还应表现在口头语言的表达上，即要侃侃而谈、幽默机智。这些都是招聘单位决定是否录用你的直接参考。

（三）资料准备，翔实得当

求职应聘前，一般要准备一份翔实的求职材料，如求职信、毕业生推荐表等。求职材料要求客观准确、充分恰当、翔实可靠，一般应包括个人简历、学历证明材料、身份证、成果及证明材料、爱好特长、社会活动经历、通信地址和联系电话、反映自己愿望的求职信函等。在准备求职材料的时候并不是印刷得越精美越好，也不是内容越多越好，而是要朴素简洁，做到言简意赅，当然也不妨别出心裁。

二、求职面试的应对技巧

求职应聘的时候，可能要面对招聘者的各种测试，回答各种问题。他们的问题，有的是老生常谈，有的会出乎意料，甚至有的会刁钻古怪，但提得更多的还

---

① 于彦平，樊容生．普通话口语交际 [M]．成都：电子科技大学出版社，2015：198.

是常见问题。所以，在决定去求职应聘前，除了准备充分的文字材料外，还要做好应对招聘者提问的准备，对可能提出的问题在心里设计好答案。

（一）常见问题的回答

求职者应聘面试前必须经过精心准备，准备越充分越好，最好的办法是写下并记住要说的重点，以便到时能用简练的语言把自己的意图有条理地传达给对方。如果会怯场，那么充分的准备就可以帮助求职者镇定自若。可以从三个方面入手：理一遍个人的情况，重点是个人的经历、专长、特点、优势；准备一些面试官可能会提出的问题的答案；准备自己想要问的问题。当然，面试时尽量避免想到哪儿说到哪儿，在开口之前一定要斟酌一下：这句话能不能说，该怎么说。

面试官喜欢问的问题有以下几点：

第一，能介绍一下你自己吗？自我介绍是面试的首要环节，是求职者的首次亮相。短短的几句话，可能会影响他们对求职者的评价。这里潜伏着把握一生之舵的契机。这个问题是每次面试必须问的问题。有时回答得好，会给我们带来意想不到的收获。其实，通过应聘资料，招聘方已经大致了解了求职者的简历。询问这类问题，一是为了考查求职者的口语表达能力以及综合归纳能力，二是为了让应聘者放松心情。因此，回答时应突出重点，尤其应该针对应聘单位的情况有所选择、有所侧重，从而证明自己是该职位最适合的人选。

面对这种开放性的题目，滔滔不绝讲个不停不是对方所希望的。显然，对方想让你把你的背景和应聘职位联系起来。因此，回答时需要牢记以下要点：重点放在工作业绩、专业水准、特殊技能以及潜在能力和发展方向上；尽量围绕谋求该职位所需要的资格，并选用一些实例来说明问题。

第二，你为什么选择到本公司应聘？此问题重在了解求职者进入公司后想干什么，因此，要围绕公司提供的职位与自己的优势展开。要让考官知道，自己愿意效力于该公司有充分的理由，而不是随便找一份工作。如果能够罗列出公司的资料，例如公司涉及的专业、生产线、经营地点、最新成果等更好，以表示对该公司的关注程度。

第三，请你描述一番你心目中的理想工作。此类问题，要用概括的语言对我们梦想得到的工作加以描述，介绍一下你想应聘的公司、工作种类和你的愿望与要求，绝不能只描述自己的兴趣与愿望，而应该从招聘职位着手，给人的感觉应该是我们心目中的理想工作与正在应聘的工作相差无几。如果我们的理想工作与应聘的工作相差甚远，招聘方会认为我们对该工作缺乏热情，或者认为我们自视甚高而淘汰我们。

第四，你有什么特长？面对这个问题，我们可以借此机会告诉考官我们所具备的与众不同的特殊本领。如外语、计算机、普通话的等级考核情况，还有职业证书、汽车驾驶证等，当然也包括音乐、美术、体育等方面的业余爱好。最好举几个显示我们特长的具体事例，既显得轻松自然些，又能表现出我们的自信。

第五，你认为你在哪些方面还有待提高？对方是想通过此问题变相了解你的缺点，回答时应注意一般从大方面着手，如我刚毕业，实践（工作）经验不足，因此要在实践中磨炼自己等。不要回避，也不要为显示自己的诚实而夸大自己的不足。

第六，如果应聘成功，在工作上你打算（准备）怎么办？对方试图通过此问题了解我们对未来工作的打算，考查我们是否有志向、有上进心，并由此判断我们的追求目标与他们的期望是否相符合。可以通过自己对该单位的了解，简要介绍一下自己的打算，怎样发挥自己的专业特长，怎样干好工作。这些计划和打算不用讲得太细，充分表达干好工作的决心就行。

第七，你受过挫折吗？若有，谈谈你是如何渡过难关的。面对此类问题，最好不要说："我至今还没有失败过。"没有挫折经验的人会让用人单位觉得你没有经过磨砺，欠成熟。其实，每个人的生活道路不可能都是一帆风顺的。竞争激烈的时代，优胜劣汰是市场法则。每个人要面对的不是会不会失败、有没有挫折的问题，而是如何对待失败、战胜挫折的问题。这是考官提问的意图所在，他们渴望了解我们是否具有战胜挫折和失败的勇气和方法。

第八，公司准备聘用你，有什么困难？可以尽管提。考官提这个问题是想了解求职者是不是一位潜在的麻烦制造者。虽然对方让我们有困难尽管提，但是我们也不可以找出一大堆困难来。我们应该让对方明白，我们是一个不怕困难、勇于克服困难的人。例如，你可以这样回答："我没有困难，即使有困难，我也会尽最大努力自己克服。贵公司长期以来一直都替员工考虑得很周到，相信今后也会如此。"

第九，你希望得到多少薪水？求职面试，终究会谈到这个问题，所以事先最好有心理准备，以免突然被对方问及而措手不及，尴尬万分。一般来说，对方没提到这个问题时，求职者不宜主动提薪水问题。回答时，千万不要把自己绑死在某一个数字上，更不能说出让对方不寒而栗的数字，使自己没有回旋余地。给出一个大概范围就可以，即从自己能接受的最低薪水，到希望获得的最高薪金。

第十，你的性格怎样？请简单说一说。回答时可以借题发挥，阐明自己为人处世的原则、工作态度和进取精神。例如可以这样回答："我认为自己是个热情的人，处事态度也积极，我会拿出干劲来对待工作，尤其在遇到困难时，更能激发出我的工作热情。"

（二）回答问题时的礼貌要求

面试时，说话要态度和蔼、语气平和。要平等地对待每一位主考官，不要顾此失彼；措辞文雅，对答从容得体，表现得彬彬有礼，落落大方；尊重对方，说话不自以为是，不狂妄自大；态度诚恳，语言朴实，虚心谦恭。这些都会给主考官留下美好的印象，增加成功的砝码。部分不谙世事的求职者参加面试时张口闭口"你们公司"，听多了难免会引起别人的反感。如果礼貌客气地说"贵公司"，效果肯定会好得多。

面试时，无论主考官提出什么样的问题，自始至终都要有礼貌地回答，不要因为主考官提问不当而随意发怒。

如果主考官对你特别挑剔或不满，甚至还令你难堪，不要紧张，更不能出言不逊，应头脑冷静，不必匆忙回答。一般来讲，主考官不会与面试人员作对。如果出现这种情况，也可能是预先设计好的一种"战术"，意在测试面试人员的应变能力和心理承受能力。若面试人员听完提问后火冒三丈，反唇相讥，那就是中了主考官设计的"圈套"。同样，与主考官争论某个问题也不是明智之举，即使你理由充足，也应心平气和地表明自己的立场，如果争论太激烈，反而会弄巧成拙。

面试结束，要适时告辞。如果你是被用人单位约请参加面试的，那么何时告辞应视对方的要求而定，不能在对方未告知的情况下单方面提出。一般情况下，面试的所有提问回答完毕，面试就算结束。如果对方对你说"今天就谈到这里吧，请等候消息（通知）"，这时你方可告辞离开。

如果你是直接上门联系工作，那么何时告辞你就应主动些。因为你是主动拜访者，从礼节上，对方不好主动打发你走，只能从行为举止上表现出来。如果对方心不在焉，焦躁不安，或不时地看表，这就是下逐客令的信号，你应有自知之明，主动提出告辞。

告辞的时候不要忘记道谢。要记住，无论面试的结果如何，有无录用的希望，在告辞时都应向对方衷心道谢。这能体现你的真诚和修养，何况有时希望就存在于你再坚持一下的努力之中。告辞时应该有礼貌地说："真不好意思，打搅您好多次，今天又花费了您不少时间，我走了，您也该休息休息啦！"若是对方决定不录用你，就说："没关系，我再到别的地方去看看。我告辞了。"若是对方送你到门口，你一定要很有礼貌地请对方留步，握手告别。

（三）回答问题时的说话技巧

求职面试时的回答提问是求职应聘的关键，语言的技巧和智慧都应该在这个关键的时候表现出来。

1. 简明扼要

用简单直接的方式表达观点，才能使人觉得我们思维敏捷且有能力。在求职过程中，我们应尽量以最少的话语来传递最多的资讯。无论是在做自我介绍还是回答提问时，都要保持话语简洁明确，避免啰唆重复或者滔滔不绝地讲一堆无关紧要的话，抑或偏离主题，无法准确解答面试官提出的问题。

2. 真诚朴实

求职时要扬长避短，尽量展示自己的优势，但这一切的前提是诚实。诚实是中华民族的美德，任何时候都不要说谎，面试时也是如此。一个坦率诚实的应聘者，成功的机会就大。一些求职者为争取好工作，不惜涂改专业成绩，隐瞒实际情况，这在人格品行上就没有过关，当用人单位了解真实情况后，也肯定不会录用。也有一些人过于频繁地寻找工作，他们的简历被精心地"装饰"过，其中包含了一定程度的虚假信息。当他们参加面试的时候，甚至无法准确回忆起自己的经历是如何"拼凑"起来的，这使他们在一开始就暴露出了问题，从而输掉了"战斗"。因此，诚实很重要。

3. 随机应变

求职应聘，机会稍纵即逝，应有问有答，随机应变。提问和回答的方式并无固定模式，重要的是灵活应对。

（1）避实就虚法

在求职过程中，有时会碰到招聘人员对求职者施加压力的状况，例如，"我们的企业并没有合适的职位供您选择""我们更倾向于雇佣拥有实际经验的人员""请您分享下您的挫折故事"等。面对这样的情况，求职者要足够地冷静，回应的时候要灵活应对，避实就虚，变被动为主动。

（2）自由发挥法

当面试过程中出现类似游戏或者轻松的提问时，我们无须拘泥于问题本身，可以更具创造性地来回应。例如，一位主考官询问求职者：“你能告诉我一加一是几吗？”他们回答道：“您是在什么情况下提到这个概念呢？假设是关于团队协作的话，那么一加一就等于大于二；但若是没有团结一致的精神，内部争斗不断，则会变成小于二的情况。因此，一加一究竟是多少，取决于你的期望值有多高。”这种回答方式正是基于对题目内容的拓展和延伸而得出的结果。

（3）怪问怪答法

有时候，主考官会问一些近乎怪异的问题。对此，可以打破常规，创造性地去思考答案。

此外，在应聘过程中，谈话的速度、音量、声调及语气等因素均会对交流产生影响。回答问题时，语速不宜过快或过慢，确保口齿清晰、发音准确，并根据主考官的反应适时调整语调。回答内容应灵活应变，对于主考官感兴趣的部分可详细阐述，不感兴趣的部分则简要带过。在交流过程中，应充分展现对该单位的浓厚兴趣，以及自身的冷静、诚恳与谦逊态度。同时，务必注意言辞的恰当性，避免提及不适宜的话题。

第五章　口语交际与心理

在日常交往中，有些人在与亲人、朋友、同事、熟人闲聊时，侃侃而谈、口若悬河，而在与陌生人交谈时，或在公众面前讲话时，则会出现迟疑、胆怯、自卑、恐惧等状况，或者出现停顿、重复等情况。是什么原因造成的呢？这主要是口语表达者心理素质不佳。如果一个人心理素质差，要么不敢登上大讲台，要么在表达时半途而废。有的还会在双向交流中应对失策，直接影响口语交际的效果……可见，具备良好的心理素质对于口语交际是多么重要。一些人最初在公共场所讲话时，尽管经过周密细致的思索，做了充分的准备，但仍然难免遭受失败。极度的紧张、恐惧会让人语无伦次，不知所云。但只要我们不灰心丧气，努力地勤讲多练，不放过每一次讲话机会，锻炼自己的表达能力，训练自己的讲话胆量，增强自信心，形成良好的心理素质，就能在人际交往中沉着冷静，处变不惊。

口语交际是一种重要的精神活动，其表达效果与表达者的心理素质密切相关。具备良好的心理素质，不仅是实现顺利表达的基础条件，而且是确保取得预期效果的关键因素。总之，口语表达者的心理素质水平，会直接影响口语交际的最终效果。那么，心理素质究竟指的是什么？在口语交际实践中，又应当具备何种心理素质呢？

第一节　口语交际的心理素质与心理过程

一、心理素质的内涵

“心理是人的大脑的特殊机能，是对客观现实的主观反映。”①

素质是人的身心发展的总水平，是人在先天禀赋的基础上，通过环境和教育的影响形成和发展起来的稳固性质。素质在心理学上是指先天的解剖生理特点，主要是感觉器官和神经系统方面的特点，是人的心理发展的生理条件。人的素质结构是多方面的，包括身体素质、智力素质、审美素质、心理素质、劳动技术素质等。

心理素质主要是指“人自身表现出来的稳定的、经常性的、本质的个性心理特征”②。心理素质包括人的认识能力、情绪和情感品质、意志品质、气质、性格、兴趣等方面。一个人的心理素质是在先天素质的基础上，受后天的环境与教育的影响，在社会环境和社会实践中逐步形成和发展起来的。

成熟稳定的心理素质不仅可以使口语表达产生积极的效果，而且是形成独特口语交际风格的重要因素。

二、心理素质的内容

（一）信念素质

信念是一种基于认知与情绪层面的思维观念，主要表现为个人对某种观点或者理念的高度尊崇及信任，并将之作为自身的行为规范或指导原则。信念对于人们的决策、道德选择等各种社会活动有着巨大的心理驱动作用，同时是推动个体在工作、学习乃至日常生活中保持积极态度的精神动力源泉。其在塑造个体价值观方面的重要性不可忽视。坚定的信念能带来以下心理作用：

1. 突破自我舒适区，提高自我认知

坚定信念有助于突破自我舒适区，帮助人们提高自我认知和突破自我限制。通过坚定的信念，人们能够更好地认识自己，发现自己的潜力，并勇于尝试新的

① 赵燕．心理学 [M]. 成都：西南交通大学出版社，2017.

② 张继如．大学生心理素质教育 [M]. 呼和浩特：内蒙古大学出版社，2003.

事物和挑战。

2. 走出困境，奔向美好

坚定的信念在人们面对困境时会起到重要作用，能够让人们在不顺利的情况下坚持下去，不断努力，最终走出困境，迎来美好的生活。没有坚定的信念，人们容易在困难面前退缩。

3. 持续发力，不认输

坚定的信念使人们在面对困难和挑战时能够保持坚持不懈的精神，不轻易认输。这种信念能够帮助人们在挫折面前保持积极的态度，持续发力，最终取得成功。

4. 支撑内心，增强意志力

坚定的信念能够增强人的意志力，使人在面对困难和挑战时坚定不移，不轻易放弃。这种强大的内心力量能够帮助人们克服各种困难，实现自己的目标。

5. 改变命运，主动突破限制

坚定的信念能够使人主动突破生活中的各种限制，改变自己的命运。它能让人从被动接受命运到主动改变命运，最终实现自我完善和超越。

坚定的信念不仅能提升个人的心理韧性，还能激发人们的潜能，帮助我们在面对生活的挑战时保持积极和坚定的态度。

我们需要明确的是，唯有基于中国当代辩证唯物的哲学观点与思考方式构建出的信念，才能正确理解职业生涯规划和生活目标的重要性，也才能拥有坚定的信念，并充满自信，全力投入到追求自我人生价值的过程之中。而在口头交流的过程中，这种信念的力量会一直存在并且不断增强。它可以帮助说话人拥有战胜困难的决心，提升其责任感，从而确保语言沟通达到良好的效果。

（二）情感素质

人类对于外界事物的反应通常以情绪的形式呈现出来，包括喜悦、悲伤、愤怒和快乐等。在人际沟通交流的过程中，若展现出原则性的倾向，并持有深厚且稳固的情感基础，通常能够激发出强大的、激励行动的力量。这就要求口语表达者一方面自觉地将所要表达内容的情感与自己的情感协调一致，对欢乐或忧愁、激昂或愤怒的情感给予恰如其分的表露，“放”得自然，“收”得及时，使听众能自觉地随着表达者的情感表现而心领神会；另一方面要用饱含深情的言辞和体态语去刺激听众的听觉和视觉神经，使之兴奋起来，得到刻骨铭心的感染，受到振聋发聩的鼓励，从而行动起来，奋勇向前。

与观众的情感沟通在表演中具有重要作用，能够显著提升艺术表达的效果。在表演中，情感沟通是演员与观众建立深厚情谊的基础。演员通过真情实感的表演，能够打动观众，使作品具有生命力，同时让演员的艺术生涯焕发出持久的魅力。在京剧《霸王别姬》的表演中，胡文阁通过真情实感的表演，感动了现场的观众，与观众建立了良好的关系。在口语表达中，情感沟通同样非常重要。情感共鸣能够促进听众的理解和感受，使听众更容易记住表达的内容，并积极参与表达过程，从而提高表达的效果。情感共鸣还能建立表达者与听众之间的信任，从而使口语表达更加有说服力。

（三）气质素质

气质指人的典型的、稳定的心理特征，是相当稳定的个性特点，主要表现在人的情感和行为发生的速度、强度以及稳定性、灵活性等方面。“根据高级神经活动类型的特点，古希腊医生希波克拉底把气质划分为胆汁质、多血质、黏液质和抑郁质四种。”[①] 在社会交往中，气质的判定依据是人的活动的积极性、行为的均衡性和适应环境的灵活性等方面的表现。因此，可以把这四种类型分为两大类，即前两种属于外倾型，后两种属于内倾型。

外倾型的特点：个性特征表现为情感易于外露，善于交际，兴趣广泛且开朗活泼，决策过程果断，具备较强的独立性，但行事较为轻率，不拘泥于细节，且缺乏自我反思的勇气。在口头表达方面，通常展现出阳刚之气，言辞激烈，语速较快，音量与语调波动显著，并常伴有丰富的面部表情及手势动作。

内倾型的特点：情感深沉、寡言少语、交际适度、富于幻想、办事谨慎、反应缓慢、性情孤僻、不好交际、处理问题不果断、注重内心体验。在口语表达中一般表现出阴柔之气，语气较舒缓、平稳，语速较慢，音量、语调变化小，面部表情和手势语比较单调。

气质是高级神经活动类型特点在人的行为方式上的表现，具有遗传性。其发展既有相对稳定的一面，又有可塑性的一面，是二者的统一。随环境、年龄的变化，气质会有所改变。每种气质类型本身并无好坏优劣之分，任何一种气质都有它积极的一面和消极的一面。

人的气质本身并无优劣之别，在评估个体气质时，不应将某一气质类型视为积极，而将另一气质类型视为消极。每种气质均包含积极与消极两个方面，其意

① 孙希芳．学生气质与德育教学 [J]. 思想政治课教学，2014（9）：93-94.

义取决于具体情境。例如，胆汁质的人可能展现出积极、热情的特质，亦可能发展成任性、粗暴、易于发怒的性格；抑郁质的人在工作中可能耐受能力较弱，容易感到疲惫，但他们情感细腻，行事谨慎小心，观察力敏锐，擅长发现他人难以察觉的细微之处。

了解气质的分类及其优缺点，有助于认清自己气质的积极面和消极面，从而发扬优点，克服弱点，自觉进行培养和锻炼，以便不断改变自己。

（四）性格素质

性格是“表现在人对现实的态度和相应的行为方式方面的比较稳定的、独特的、具有核心意义的个性心理特征，是一种与社会关系最密切的人格特征”①。性格反映了人们对现实和周围世界的态度，并表现在其行为举止中。性格有好坏之分，好的性格特征如自豪、自信、谦逊、诚实、勤奋、温和、谨慎、坦率、平易近人、严于律己、善于交际、亲切有礼貌、乐于遵守公共规章制度等，坏的性格如自卑、虚伪、傲慢、懒惰、粗暴、放任自流、轻视社会规则、对公益事业漠不关心等。

在人际交往中，性格主要体现在对自己、对别人、对事物的态度和所采取的言行上。一个人的性格特征会通过自身的言谈举止、表情等流露出来，例如讲话快速且直接、目光犀利、情感容易激动的人通常具有急性子，那些坦诚友好、活跃积极、反应敏捷并热衷于交际的人常常被视为乐观派，那些表情丰富、眼光坚定、说话缓慢有度、行动讲究得体的个体常被认为是沉着冷静者，那些夸夸其谈、自我炫耀、爱教导他人的群体可能拥有高傲自信的个性，那些知书达理、守信用、务实求真、心态平稳、尊敬他人的个体更可能是谦逊内敛的一类。对于这些各具特色的人，我们需要在交谈中进行详细的评估和差异化处理，例如，他喜欢婉转的，就说委婉的话；他喜欢亢直的，就说直爽的话；他喜欢有学问的，就说高远的话；他喜欢家常的，就说浅近的话；他喜欢诚恳的，就说朴实的话。说话方式与对方性格相投，自能一拍即合。

在与人交流的过程中不但要看他说什么，而且要看他怎么说。这就是要从对方说话声音的快慢、强弱、高低、语调等听出他的弦外之音。这是因为说话声音的种种变化不但能够表现一个人的性格，而且能够表明一个人的情绪与心境。例如，急性子的人说话节奏快、声音响亮，慢性子的人说话节奏慢、声音低沉。再如，

---

①　索柏民，王天崇．组织行为学 [M]. 北京：北京理工大学出版社，2017：48.

人忧伤时语速慢、声音低、节奏平缓，而人兴奋时则与之相反。

三、口语交际心理过程与心理特征

口语交际包括口语表达和口语接受两方面的内容，即说话和听话。说话和听话是人类的口头交际形式，“既是人的发音器官和听觉器官的一种生理活动，同时是一种复杂的心理活动”①。由于交际双方所处的地位不同，因此其心理活动也有所不同。

（一）口语表达心理过程及特征

从信息处理的视角来看，口头表达的心理活动涵盖了编码和传输。

编码，即说话者在发言动机的推动下，通过简洁明了的内部语言来确定他们的主要表达。然后，他们会从大脑里挑选出词语、句子和语气，并根据特定的语法规则进行组织，以形成一个相对完整的内部语言体系，这就构成了编码心理过程。当内部语言组织完成后，说话者通过呼吸器官、喉咙和声带、口腔和鼻腔的协调运动，将内部语言转化为有声的外部语言，从而传达给听话者，这就是说话传输的心理过程。

在“编码—传输”这一心理过程中，存在以下心理特征：

说话和听话是两个人或多个人面对面的口头言语交际形式。因此，讲话者必须遵循一定的逻辑顺序，并保持语言连贯，以避免出现沉默的时间段。这要求讲话者迅速整理自己的思维，从中选择精确、生动、具体的词语，并且根据现行的汉语语法规则构建完整的话语（编码）。接着，利用语音设备来实现清晰、有情感的传递（传输）。这种瞬息之间的持续循环的“遣词—造句—传达”，就是口语表达——编码、传输的敏捷性。

说话总是要表达一定的思想内容，或叙述一件事情，或介绍一种物品，或证明一个观点。然而，不论传递何种信息，都需要依赖词语、结构和语气等手段来实现。而在这众多可选的词语、结构和语气中，并非任何一个都能有效地表述特定的内容。因此，我们必须作出决定，也就是讲话者需要从其记忆库中挑选出精准的词语、适当的结构和适宜的语气。这便是代码的选择过程。不过，被挑出的词语、结构和语气仍然无法直接清晰地表达意图，还需要由我们的大脑将这些素材按照一定规则进行整理，并形成一系列句子，这样才能顺利地传输给他人。这

① 李清梅．采取有效举措提升学生口语交际能力[J]．文理导航（中旬），2014（3）：91.

是代码的处理特性。

无论说话人思维怎样敏捷，在现想现说的当面口头交际活动中，有时想（编码）是跟不上说（传输）的。这就造成了想与说之间的速度差。说话人为了弥补这种速度差，往往就会填充一些“啊、嗯、这个、那个、这就是说”之类的语言杂质，“或重复前面的内容，或补充前面的内容，致使传输结结巴巴、颠三倒四，这就是传输的零乱性”[①]。

编码要求迅速响应，传输的特性通常表现为修饰简约、句式简短、存在省略及追加等情况，这会导致意义表达不够严谨和完整，进而产生了传输的疏漏。另外，由于说话的过程是先进行编码再进行传输，大脑的工作流程遵循“编码—传输—编码—传输”的循环模式，直至话语表达完毕。在此循环过程中，由于编码与传输之间的时间差微乎其微，大脑运作有时会出现“无法同时处理多项任务”的跳格现象，即根据内容的需求或语流的连贯性，原本已构思好的内容可能在瞬间遗忘，转而跳跃至另一内容，这同样体现了传输的疏漏。

（二）口语接受心理过程及特征

口语接受即听人讲话，是人类基本、重要的一种交际方式。从心理活动过程和信息加工理论的角度来说，口语接受这一交际方式，包括“接码—译码”这样一个过程。

接码是指，当人们在交流时，听者的听觉系统会接收到对方发出的声音信号，并立即通过听觉传导神经将这些信号传送至大脑的语言感知区。

译码是指，当听者通过听觉传导神经系统将听到的声音信息传至大脑的语言感知区时，该语言感知区会积极地进行思考，把这些声音信息转化为语言句子并理解其含义。

在这项活动里，由于是直接的对话方式，他们的听话心态就表现出以下心理属性：

在听话活动中，听话人听到的是声音信息，接收者获取的声音数据非常短暂且易消散。根据科学试验结果，它的保存时长只有 0.4 秒。因此，为了能清晰地听取他人的言语并正确解读它们的含义，接收者的思考速度需要和讲话人的语言表达保持一致。这不同于读书时的情况，读者可以在任何时刻停顿一下，仔细琢磨后重新开始阅读。这个瞬间连续的过程包括对语音信息的“捕捉—理解”。

① 王建华 . 语言认知技术研究 [M]. 北京：中国人民大学出版社，2019：250.

人类的口语交流有时因为即兴表达和无法给予过多的考虑时间而显得混乱无序。因此，讲话者需要迅速地思考与表达，这可能导致言辞不够清晰。此时，聆听者若想更准确地理解对方的言论，就需要剔除其中的冗余信息，只关注能传达信息的片段。这种现象被称为“筛选”。同时，由于发言者的遗漏或混乱，接收方为确保正确解读，应对这些散乱的信息按照一定的逻辑关系进行整合，并在短时间内完成重组工作，以弥补缺失的部分内容，使整个对话结构严谨且意义明确。这个过程就是“翻译”。

任何人在听别人说话时，都会在不知不觉中表现出某种情感反应。通常情况下，当人们听到令人愉快的消息时，会感到高兴；当他们听到不幸的消息时，会感到悲伤；当他们听到别人的赞扬时，会感到自豪；当他们听到批评时，则会产生不满。这种现象就是听话情绪的反馈性，也就是说，人们在听取他人话语的过程中，会自然而然地产生一种情感上的回应和反馈。这种情感反应不仅体现在面部表情和身体语言上，还可能通过语气、语速等声音特征表现出来。这种反馈性情绪的存在，使人际交流变得更加复杂，同时也为沟通提供了更多的可能性和挑战。

第二节　口语表达者必备的心理素质

在口语交际实践中，口语表达者需要了解自己属于哪种心理类型。只有分析各类心理类型的优劣，并发扬优点、克服弱点，才能具备良好的心理素质。

一、心理类型

由于每个人的气质、性格、职业、经历和文化素养等方面存在着较大的差异，这就形成了口语交际中的不同心理类型。心理类型多种多样，主要可以分为以下四类：

（一）冲动型

冲动是人的情感特别强烈、理性控制薄弱或基本不受理性控制时的一种心理现象。其特征是：有不可预测和不考虑后果的行为倾向；行为爆发不受控制；会不受控制或不适当地发怒；行为受阻或受批评时易与他人发生争吵或冲突；情绪变化反复无常，不可预测，易愤怒，可能有暴力行为；不能事先计划或不能预见将会发生的事件或情况，做事缺乏稳定性；强烈而不稳定的人际关系，要么与人关系极好、要么极坏。

冲动型口语表达者的情绪往往处于高度兴奋状态，遇事不够冷静，易动肝火，急于表态，喜说好讲，经常轻易决策。其发出的言论很多是随意的，不考虑细节，不讲究策略，也不顾及后果。要么导致接收者感到困扰而无法进行有效的交流；要么把自己全盘暴露给接收者；要么引起接收者的反感甚至激怒接收者，使其愤怒并对其进行反击。

举个例子，主人请客约定的开饭时间到了，可是客人还未到齐。主人便说："怎么时间都过了，该来的还不来？"已来的客人听到后认为主人说自己是不该来的，于是一气之下起身走了。主人又说："真是不该走的又走了！"迟到的客人听到后，又认为自己是该走的，于是也气走了。最后只剩下两位客人，主人又对他俩说："我刚才说的又不是他们。"这两人想，说的不是他们那一定是我们了，结果所有客人都不欢而散。

但是，冲动型口语表达者往往心地坦荡，没遮没拦，心里有什么想法总要直接说出来，说完了就像没事一般，转趋平静。

（二）理性型

理性是一种展现个体在理智层面对行为进行有效控制的能力，体现在人处于正常思维状态时，具备自信与勇气，面对问题能保持镇定，能够全面而迅速地了解并总结情况，迅速分析并恰当地运用多种解决方案，以达到事件所需效果。

在人际交往中，理性型口语表达者不是不讲情感，而是善于控制情感。他们遇事不急躁，能冷静处理；不轻易做出肯定或否定的表态；"其言辞常常是深思熟虑之后才出口的，因此较为周密，较有策略，这样言辞接受者易于接受，即使不能接受，也不至于造成太大的抵触"①。

有一次，法国某剧院演出歌剧，观众十分踊跃，当时天气十分寒冷，那时法国妇女都喜欢戴着高高的帽子，一来御寒，二来显示自己的高贵身份。可是坐在前排妇女的帽子遮住了后面观众的视线，一时观众哗然。剧务人员多次提醒大家摘下帽子，可就是无人响应，弄得演出很难进行下去。这时聪明的导演走到前台对大家说："亲爱的观众朋友，我们的演出马上就要开始了，为了能使大家很好地看戏，请年轻漂亮的女士们摘下你们的帽子，年老体弱的女士可以不必摘下，以

① 孙翠翠，王大千 . 浅谈高职学生口语交际能力的培养 [J]. 就业与保障，2021（2）：113-115.

免伤风感冒，谢谢大家的合作！”话音一落，在场的妇女，包括老年妇女都纷纷摘下了帽子，因为谁不想成为年轻漂亮的女士呢？目的达到了，妇女们心里还乐滋滋的。

然而，这种类型的表达者在需要迅速决策的重要时刻，也可能会出错。因为有些机遇一闪即逝，不能错过，也无法等待，等深思熟虑后，可能已经来不及了。同时，如果过于理智，就可能给人留下圆滑的印象，同样会妨碍交流的进行。

在进行口头沟通时，对于听者来说，理智的心态比冲动的心态更有利。只要在关键时刻能展现出决断的勇气，就会受到听者的热烈欢迎，这对于语言交流是非常有益的。

（三）居高型

居高型是指表达者凭借其在职位、能力等方面的优势条件，在言语交际活动中处于优势地位。如讲话者是领导、专家、教授、名人，而对方是普普通通的听者；或讲话者是大国、强大集团的代表，而对方代表的是小国、弱小组织。

居高型发言人通常会在不知情的状态下显露出一些不同于一般的高姿态言论。如果他们有意为之，可能会表现出自我抬高的态度，仿佛周围的人都不存在一样；然而，即使是无意识地这样做，因为他们的地位独特，也可能给倾听者带来一种自上而下的压迫感。这种情况在一对一的对话里，听众很难与其争论，只能让他说下去。而在双边沟通中，另一方需要回应，所以会感到紧张和不适。这样会对交流的效果造成一定的影响。

居高型的人有两种不同的表现：一是以自我为中心、固执己见，其观点倾听者必须听；二是敷衍塞责、无动于衷，倾听者愿意听还是不愿意听都可以。

对于表达者而言，居高型心理是不值得提倡的。如不将自己摆在与听者平等的位置上，将是有百害而无一利的。

（四）平和型

平和心态是一种既不过分冲动，也不刻意压制，位高权重却不自负，地位低下却不自卑的综合性心理状况。他的言论既不骄傲又不偏激，听起来让人如沐春风、如饮甘露。主持人倪萍有一次主持一个有关“希望工程”的节目，当她把话筒交给一个叫苏明娟的小朋友时，苏明娟面对那么多观众和镜头一时紧张得说不出话来。面对这样的局面，倪萍用手抚摸小明娟的头，对观众深情地说：“小明娟刚 12 岁，她还不能很好地表达自己的思想。而且她初到北京，一下接受了非常多的新鲜事物，她需要时间想一想，用不了多久，我们会看到她的成长，也许那时候她会用语言，还会用行动来表达。”倪萍的话既深情，又使小明娟摆脱了困境，这样的节目主持人谁会不喜欢呢？这种心理状态的表达者是很受听者欢迎的。即使在某种场合、某个时间让人不快，暂时影响交际效果，但时间一久，那些不快的人大多会醒悟，自然会觉得还是这种人好。

“中国机器人之父”蒋新松院士就是这种心理类型的典型。他逝世后，《人民日报》和《中国科学报》记者作了这样的报道：“作为上级，他会与你平等相待，友好合作。他的老同事说：‘新松作风民主，绝不独断专行。有不同意见争论时，你甚至可以跟他拍桌子、摔帽子，外人这时搞不清谁是领导，但事后，他从不记恨别人。如果你坚持你的正确意见，他倒很欣赏你的执着。’”

二、口语交际中必备的心理素质

在口语交际中，我们有时会看到这种现象：有一些口语表达者，尤其是那些初次在公众面前说话的人，往往会出现胆怯、迟疑、恐惧、自卑等状况，即使事先已经背熟了讲稿，也仍难免出现讲话支支吾吾、颠三倒四的情况。这说明“心理素质将直接影响口语交际的效果”[①]。那么，在口语交际实践中，应具备什么样的心理素质呢？

（一）自尊自信

自尊，就是尊重自己的人格和荣誉；自信，就是“对自己的能力和潜在能量充分估计”[②]。

自尊自信是做人的基本标准，也是人际交往中必备的心理素质。在社会交往中，人人都应有自尊自信。尽管每个人的家庭出身、社会地位、文化程度等各不相同，但在人格上都是平等的，这些不应成为口语交际的心理障碍。居里夫人有句名言：“我们应该有恒心，尤其要有自信心。”一个人如果自卑，看不到自己的力量，形成一种心理定式，必将给口语交际带来消极影响，而拥有强大的自尊自信，往往能在口语交际中取得成功。

只有自尊自信的人，说话才有说服力，才能影响别人的心理和行为；只有自

① 李宏天．基于即兴口语表达“失语性停顿”的策略研究 [J]. 卫星电视与宽带多媒体，2020（2）：134-135.

② 张丽珍．口语交际中必备的心理素质 [J]. 心理世界，2000（3）：61.

尊自信的人，才能成就大业，承担重任。

（二）真诚热情

真诚是高尚的品德，体现了一个人的内心纯洁和正直。热情是友善的标志，展示了一个人对他人的好感和关心。在口语交际的过程中，我们必须始终尊重他人，以礼貌和谦逊的态度对待每一个人。待人接物时，我们要表现出热情和诚恳，这样才能赢得他人的信任和友谊。通过真诚、热情的交流，我们不仅能建立良好的人际关系，还能在社会中树立积极的形象。

（三）积极主动

积极主动的含义是，在进行语言交流时，表达者有明确的发言目标，并且深刻理解其所传递的信息，以使自己的表述行为符合交际需求。

这种心理反映了表达者的意念，贯穿于交际活动的始终，同时是产生交际欲望的动力。例如，一个领导、一个党员、一个军人，或是一个有良知的公民，当遇到损害国家、人民利益的言行时，会被强烈的责任心驱使，站出来喝止。至于这会给其自身带来什么样的后果，是来不及考虑的。

（四）宽容果敢

宽容被视为个人的优秀品质，果敢则是强者的体现。在社会互动中，面对一些棘手、复杂的问题，应该拥有一种既宽容又果敢的心态。宽容能够解决冲突，赢得信任；果敢可以争取时间，创造机遇。

社会问题和人际关系错综复杂，要想妥善处理这些问题并发展良好的人际关系，就需要有强烈的包容心。只有如此，才能解决冲突，将矛盾转化为友谊。

简而言之，自尊和自信是一个人在社会中立足的基础，真诚热情、积极主动、宽容果敢，这些都是高尚品格的体现。只有拥有这样的心理调适能力，才能在口语表达中取得成功。

第三节　口语表达中常见的心理障碍及应对方法

一、口语表达中常见的心理障碍

在口语交际中，不少人会出现恐惧、自卑、胆怯、迟疑等状况。口语表达者心理素质不稳定，会直接影响口语交际的效果。在人际交往中，主要有以下几种心理障碍问题，需要口语表达者努力克服：

（一）畏惧心理

有些性格内向的人，在和陌生人交谈时会胆怯紧张，不敢正视对方，声音很小。这些人大多具有畏惧心理，缺乏口语锻炼的机会，因此畏惧在众人面前说话或表达看法。在发言时，其常常会感到心跳加速、呼吸急促等，进而影响语言表达能力。

（二）自卑心理

自卑心理其实就是自己看不起自己，感觉自身处处不如别人的一种心理状态。实际上有自卑心理的人并不是真的事事、处处、时时都不如人，而是因主观产生的一种与实际情况不相符合的感觉。

产生这种心理的原因：其一是性格内向，表现为不活泼、不爱动、对外界刺激反应不强烈、反应速度慢、情绪兴奋低，这种气质类型的人如果生活在压抑的环境中，就容易产生自卑心理；其二是受生活环境的影响，或家居独院，与外界很少往来，或工作原因与外界接触少，失去了交往的机会，长久以往，就会离群独处，不愿与他人接触，有时想与他人接触，但又害怕别人不理睬自己，由于他们不善与人交往，缺乏交往的自信，久而久之便形成了自卑心理。另外，“有的人由于自尊心和自信心屡受打击，也会产生自卑心理”[①]。

（三）焦虑心理

患有焦虑症的人通常无法保持冷静和专注于他们的学业或者工作。有些人很容易受到情绪的影响，当他们心情不好时，会不愿意交流；另一些人则是在日常的闲聊中畅谈无阻，但在重要的社交活动中却变得烦躁不安且无所适从。长此以

① 刘艳春．语言交际 [M]. 北京：中国经济出版社，2005.

往，他们对于微小的事情也会感到极度担忧并产生强烈的不安感，有时候还会伴随着心脏悸动、头疼、呼吸急促、流汗、恶心等生理反应。

（四）害羞心理

有些人性格较内向，这使他们在他人面前表达自己时会感到害羞；还有一些较为开朗的个体可能对与他人交流有不适感，担心被嘲笑或因自己的表现不够好而不敢发言。尤其当面对公众演讲的时候，他们的内心会充满紧张感和尴尬，害怕失误或者无法有效地协作，甚至有时由于口齿不清而脸色通红。

（五）自闭心理

此类心态特征是保持自我隐私，独立行动且避免与他人分享内心的想法。尽管尝试改变环境，但他们仍会感到抑郁并缺乏兴趣，这会影响他们的日常生活及注意力的集中程度。他们可能变得沉默寡言，并且与人交往时会显得冷漠或疏远。这类人的主要特点是对外界的反馈过分在意，害怕失败，倾向于保护自己，抑制情感表达，具有强烈的孤独感，并在行为上体现出恐惧和逃避的态度。这些人在公共场合往往不敢发表意见，一旦被逼着讲话就会脸色通红，无法开口说一句完整的话。

（六）依赖心理

有些人由于缺乏信心，缺乏主见，处事优柔寡断，常常祈求他人的帮助，遇事希望别人为自己作决定；在人际交往中缺乏主动性，交谈时别人问一句，他才答一句，否则，就像断线的风筝，没有着落，茫然不知所措。具有依赖性格的人，如果得不到及时纠正，发展下去就有可能形成依赖型人格障碍：时时处处被动、依赖、消极、等待，很难以一个独立的人立足于社会；“需要独立时，对正常的生活、工作感到很吃力，内心缺乏安全感，时常感到恐惧、焦虑、担心，时间一长或稍遇挫折，易出现焦虑症、恐惧症等情绪障碍或身心疾患”[①]。

二、克服口语交际心理障碍的方法

提高心理素质是进行口语表达和思维训练的前提，只有克服心理障碍，形成良好的心理素质，口语交际训练才能顺利开展。人们往往以为只有自己怯场、畏

① 李丹．大学新生语言表达的心理障碍探析 [J]. 黄石理工学院学报（人文社会科学版），2007（2）：81–83.

惧，但是实际上这并非某个交际者特有的现象，每个人都有类似的经历，只不过可能别人对于怯场的状况不注意而已。

良好的心理素质表现为强烈的自信心、坚强的意志力和强大的自我控制能力，这要求口语表达者在口语交际实践中把握好自己。有一些具体的做法能够帮助口语表达者形成良好的心理素质，例如，说话时目的明确，选定姿态，做到心中有谱，及时调整音调，使说出的话扣人心弦；说话时适时用手势引起听者的注意；说话中恰当停顿，必要时加快说话速度；善于捕捉感情的波段，依靠理性掌握情绪；还可以借助方言唤起听者的乡土情等。下面分类介绍克服心理障碍的方法：

（一）克服怯场的心理

有的人一旦遇见陌生人或者一想到自己要在大庭广众之下讲话，就会出现心跳加快、血压升高、汗腺分泌、口干舌燥、声音打战、四肢僵硬、肌肉抽搐、头晕目眩等生理反应，这些不自然的神态举止就是怯场。

由于怯场是情绪紧张造成的，所以采用调节紧张情绪的方法可以帮助表达者克服怯场的情绪。

表达者可根据场合、时间不同来选用以下五种调节紧张情绪的方法：

1. 想象调节法

回想或再现过去的愉悦体验能够维持心理和生理的健康状态，并缓解紧张情绪。例如，可以回想自己沐浴时，沉浸于温暖的水中所带来的安逸感受；或者回顾自己在公园内、海边上悠闲地晒太阳的感觉。如此一来，心境一般能够恢复平和。

2. 临场熟悉法

在讲话之前，可以提前到现场熟悉环境，或者走到讲台上环视大厅，观察讲台的布局，也可以到听众中进行交流，了解听众的需求和特点，心中有数后就能够避免紧张情绪的产生。

3. 饮料摄入法

在开始讲话前或者讲话过程中，适当饮用一些饮料，如咖啡或茶等，不仅可以缓解紧张导致的喉咙不适，还能产生短暂的精力充沛和舒适的感觉，减轻疲惫引发的厌烦、沮丧和焦虑等情绪。

4. 自我暗示法

在发表言论之前，我们可以通过内心的对话来平复情绪并增强自信心。例如说："即使表达得不好也没问题，关键是我能够完成演讲。""观众并不一定会关注到我说的每一个字眼。""他们的专注力往往不够稳定，他们在思考自己的事情时也会分神。""我已做好充足的前期工作，相信会成功做到这一点。""我认为我是优秀的，并且有足够的信心！"

5. 活动转移法

对于关键的口头交流，焦虑感往往会随之而来。为确保对话效果不受干扰，我们可在临场之前的一段时间里刻意不去思考接下来的互动环节，转而专注于某个特定的事件或与他人聊些无关紧要的内容，甚至可以用运动等来缓解压力和调整心情。

讲话过程中过度焦虑的一个主要因素就是观众全神贯注地看着你，因此，为了避免焦虑情况的发生，我们需要寻找一些策略去应对这种状况。一种常见的做法就是使用目标转移技巧，例如通过向听众介绍自己或者其他相关的人或事物的方式，吸引观众的注意力而减少对你的关注。例如说："我很荣幸能在此和各位分享我的想法，今天的参与者中有一部分来自……另外一部分则来自……"这样一来，那些一直紧盯着你的眼神便会瞬间被转移走，取而代之的是彼此间的观察。

杨澜 1991 年在广州天河体育中心主持演出活动，下台阶时不慎摔了下去，既难堪又无奈。可是她定了定神后，从容地说道："哎呀，人们常说'马有失蹄，人有失足'，我刚才表演的'狮子滚绣球'的节目滚得还不太熟练吧？看来这次演出的台阶还真不那么好下呢！不过，台上的节目会很精彩的。不信，你瞧他们的表演吧！"这段机智的话不但使她摆脱了窘境，转移了观众视线，还获得了热烈的掌声。

（二）培养充分的自信心

自信心是个体对自己某项活动的后果抱有成功把握的一种预测反应。人在认识活动或实践活动中，一般都会对自己活动的结果有一定的估计和判断：或者是必定成功的估计和判断，或者是必定失败的估计和判断，或者是处于成败之间的估计和判断。第一种估计和判断会增强人的自信心，第二种估计和判断会使人失去自信心，第三种估计和判断会使人的自信心发生动摇，导致自信心不足，这时就需要及时调整已有的构想和行动方案，以便在有自信心的情况下再从事该项活动，否则就可能导致失败。

自信心对口语交际活动的成败有着至关重要的影响。自信心强的讲话者往往对自己的讲话后果抱有肯定性的判断，面对听众就表现为热情果断、镇定自若，从而使自己的语言表达水平得到正常发挥，甚至超水平发挥；缺乏自信心的讲话者则对自己的讲话后果抱有否定性判断，这时如果硬着头皮去讲，就会显得自卑胆怯、顾虑重重，甚至惊慌失措、语无伦次、窘态百出，影响表达效果，导致口语交际的失败。

（三）拥有强烈的成功欲

成功欲是人在自我价值实现时产生的一种心理满足感。每个人都有五种最基本的需要：生理需要、安全需要、从属和爱的需要、尊重需要和自我实现需要。其中，自我实现需要是最高层次的需要，由于它的存在，人会在满足了其他需要后表现出强烈的成功欲，并以一些积极的特征体现在人生的过程之中。

需要层次论及其自我实现需要中的积极特征，是对所有希望取得成功的人而言的，对口语表达者当然也不例外。口语表达者只要拥有强烈的成功欲，就会想方设法克服重重困难，去取得交际的成功。

（四）豁达开阔的胸襟

在人际交往中，豁达开阔的胸襟是交际者取得成功的保证。具体表现为以下几点：

1. 口语表达的内容要公正合理

美国一所大学曾进行过一次关于是否应该实行强制健康保险的辩论。辩论的一方是两位持反对意见的医学博士，另一方则是拥护这一政策的两位大学教师。医学博士因为拒不承认现行的医疗体制有弊端，也不承认支持强制健康保险的人有正当的理由，立刻失去了许多听众的支持。原因就是他们的观点极端轻率、主观片面、有失公正。

生活中有许多问题是不能简单地用“非此即彼”加以判断的，一旦失去了公正合理，也就失去了交流的基础。

2. 宽厚待人，防止急躁情绪

口语交际活动中可能会出现各种意料不到的情况，例如在某些公共场合讲话，会出现听众喝倒彩、吹口哨等情况。遇到这种情况时，讲话者要有处变不惊的大将风度，应采取有效对策及时控制好局面，不可轻易地责怪听众、抱怨主办者或主持人。讲话者对听众要尊重，循循善诱，以宽厚之心和冷静的态度妥善处理各种突发情况，千万不能急躁。

3. 严格自律

自律是一种关键性的心理机制，可以激发并引导个人思考、组织言语，同时能抵挡和战胜负面心态的影响，激活并增强正面态度的作用，确保口头交流参与者在实际操作过程中有效地掌控自身，灵活应对各类语言情境，充分发挥自身的潜质，成功完成口头沟通任务，达成预期目标，取得满意的结果。

（五）真诚热情的态度

如果说自尊、自信是一个人成功的开始，是一个人自立于社会的条件，那么，真诚热情就是一个人积极生活态度的表现，是人与人交往的纽带，也是事业成功不可缺少的条件。真诚热情地待人，收获的会是信任。所以，人生中无论做什么，都要抱着求真、求诚的态度，追求真善美。真诚与热情是人类相当重要的品质，真诚、热情与知识、经验结合在一起便是一种智慧。

在演讲及口语交流中，真诚热情同样有着不可抵挡的力量。坦诚的语言是打开别人心灵之窗的钥匙。真诚热情会让听者认为表达者是一个可信的人，于是会支持、鼓励表达者，表达者也会从他们的鼓励中得到信心和力量。

（六）机智幽默的谈吐

幽默是一种智慧，也是现代人必须具备的素质之一。幽默是思想、才学和灵感的结晶，能使语言在瞬间闪现出耀眼的火花。幽默的语言可使人散发魅力。美国一位心理学家说过："幽默是一种最有趣、最有感染力、最具有普遍意义的沟通艺术。"

掌握幽默的语言艺术需要具备渊博的知识、宽阔的胸怀。幽默与智慧是分不开的，特别是和机智分不开，它要求反应迅速、敏锐。幽默是一种高层次的智慧艺术，是语言精华的瞬间提炼。真正的幽默能使人在笑声中体会生活中一些更真实、更本质的东西，在轻松的气氛中分清真善美、假恶丑，有助于人们在会心的微笑、宽厚温和的态度中陶冶自己的情操，培养健全的人格。所以，口语表达中有了幽默，能使表达者在交际场合中谈笑风生、妙语连珠，能使表达者很快被人接受，受到众人的青睐，成为社交场合中受欢迎的人；即使在矛盾激发的当口，幽默也能缓和矛盾，平息火气，减少冲突；在对话、演讲等场合，幽默的语言能使表达者化解尴尬，走出困境。

风趣幽默的话有趣而又意味深长，因此人人都爱听。它是熨平人们心灵创伤的熨斗，是浇灭人们心中怒火的灭火器，是抗疲劳的兴奋剂，是能给人们带来笑声的微型小品，是弥补裂痕的黏合剂。能否恰到好处、不过火也不庸俗地使用风趣幽默的语言既是智慧的体现，也是技巧的体现。这种语言表现为严肃的内容以逗乐的形式表现出来，既可活跃气氛，又能使人感到轻松愉快。风趣、幽默不同于耍贫嘴，和尖刻、嘲弄、讽刺、挖苦毫无共同之处。它在引人发笑的同时，又体现出人类的智慧和善良，给人带来美感享受。幽默风趣是一个人综合素质的体现，反映了一个人的思想水平、生活阅历、性情、性格、反应速度、语言水平等。

某作家和某将军在羊肠小道上相遇，将军十分无理地说："我是从来不给混蛋让路的。"作家彬彬有礼地说："我正好相反，请！"说着礼貌地给将军让了路。

幽默的作用不可低估，幽默的境界是需要培养才能达到的。首先，我们要有宽阔的胸怀和渊博的知识，对生活充满热情和信心；其次，要有丰富的想象、开朗乐观的性格和高尚的情趣。达到幽默的境界，不仅能使我们成为口语交际中的佼佼者，还能使我们成为生活中乐观向上的常胜将军。

第六章　口语表达的个人素养与道德伦理

口语表达需要在良好的精神状态下进行，口语表达者应该注意坐姿和站姿，要正确使用手势、眼神和表情等，同时还需要注意一些使用禁忌。表达者要具备良好的心理素质，不可过度紧张、过度亢奋或者精神萎靡。

口语表达的道德伦理要求表达者审慎地遣词造句，避免出现带有攻击性或歧视性的言论。在表达的过程中特别要注意自己的身份以及所处的场合，避免不分身份、场合地“信口开河”而导致表达失态。

第一节 口语表达的个人素养

一、口语表达的体态要求与非语言手段

口语表达一般是在公开场合进行的，表达者面对观众要有一个积极的状态，这种积极的状态最先由表达者的体态表现出来。如果一个人没精打采、弯腰驼背，会给观众留下不好的初印象。

口语表达不是喃喃自语，而是向他人表达观点、传播思想的过程。如果身处公开场合中的口语表达者体态欠佳，那么不但会影响口语表达的效果，而且可能会使观众产生反感。特别是对于专业从事口语表达工作的出镜记者、主持人、发言人、教师等人群来说，“不论是在镜头前还是在话筒前，抑或在讲台上，都应该有一个非常积极的状态”①。不论是性格外向还是性格内向，只要对着镜头、打开话筒，或者走上讲台，表达者都需要调整好情绪，以积极饱满的热情和认真的态度来完成口语表达工作。

在具备良好的体态后，口语表达者还可以借用非语言手段来提升口语表达的效果。众所周知，单一的话语输出具有局限性，观众必须与表达者进行必要的身体语言的沟通。

二、口语表达者的思想素养

（一）思想品质

思想品质指的是口语表达主体要以先进的思想武装自己，具有正确的世界观、人生观和价值观，努力使自己的思想认识符合客观实际，并和时代的脉搏、人民的愿望相一致。在口语实践中，思想品质起着决定性的作用。

1. 要有正确的世界观、人生观和价值观

思想品质的核心是人的世界观、人生观和价值观，而世界观、人生观和价值观是人对世界，以及对人生的目的、意义、道路的根本看法和态度。口头语言通常会以直接或者间接的方式反映出个人的世界观、人生观和价值观。一个人的价值观念、生活理念及其思维认知能力，会直接影响其口头表述中的立场、观点及

① 敬肃宁．播音主持专业口语表达能力提升研究 [J]. 传媒论坛，2021，4（5）：67-68.

对各种情况和道理的理解深度。如果他的世界观、人生观和价值观是正确的，那么他所持有的想法一般也是合理的，因此他在口头表达时能够有条不紊且正气凛然；如果他的世界观、人生观和价值观在某些方面出现偏差，那他的思维方式也会随之产生问题，进而导致他在口头的陈述中有失公正。

2. 要注意培养思想的深度、广度和高度

口语表达主体思想的深度、广度和高度，决定了他口语表达内容的深刻性、丰富性、新颖性和独特性。只有思想清晰，口语表达才可能清楚；只有思想开阔，口语表达才可能突破传统观念，蕴含新鲜的内容；只有思想敏锐，口语表达主体才可能随机应变，临场发挥；只有思想活跃，口语表达主体才可能有独到的见解，才能“独出心裁”“能见人之所未见，道人之所未道”；“只有思想严密，口语表达主体才可能对客观事物、事理的本质及其内在联系有深刻的认识，并将其有逻辑地、顺理成章地用口语表达出来”①。

3. 要有乐观、健康的精神

口语表达主体的思想品质不仅支配着口语表达动机和口语表达目的的确立，还影响主体观察、认识、评价和对待生活的态度。它渗透在口语表达材料的选择、主题的提炼、结构的安排、口语艺术和技巧的运用等各个方面。思想品质是否高尚、健康、纯洁，直接影响到口语表达的成败和社会效果的好坏。

只有表达主体具有乐观、健康的精神，其才能克服个人的消极情绪、悲观思想，才能站得高、看得远，才能充满自信、不断进取，才能勇于说话、善于交际，才能吸引受众，为大众所喜爱。

（二）道德品质

口语表达主体的道德品质，指的是主体在口语表达中应该遵循的道德意识与道德行为准则、规范的总和。它调整着口语表达主体与客体、受体之间的各种关系，使口语表达主体自觉或不自觉地将道德观念、情感、理想等渗透到口语表达的内容中，从而使口语表达内容具有强烈的道德感染作用。

口语表达主体必须自觉地、坚定地提高自身的道德品质修养。真正做到：做一个善良的人、做一个真诚的人、做一个谦虚的人、做一个清白的人、做一个高尚的人。当有些事由于身份、情绪、气氛、风俗、习惯等不宜直接说出时，需要换成另外一种含蓄隐晦的说法，这便是避讳。凡是有可能使对方听起来不愉快的

① 贾喜若. 融媒时代谈话节目变化研究 [D]. 乌鲁木齐：新疆艺术学院，2019.

话都要避开，换另一种说法。

中国自古以来就有“避讳”的传统。我们排除掉其中的封建糟粕，讲求礼貌、说话委婉的部分仍是可取的。在口语表达中，有不少话很难直接说出，因为直说会有失自己或对方的体面，或产生负面影响，但是又不得不说，这时就需要换一种更为讲究的说法。例如，有一个故事讲的是明太祖朱元璋做了皇帝后，一天，内侍来报“有万岁当年的好朋友求见”。朱元璋一听说是家乡的老朋友，正想在他们面前炫耀一下自己，于是吩咐准见。这个朋友进来叩头高呼“万岁万岁万万岁”后，便和皇帝套近乎，认为一定能求得一官半职。“万岁你还记得吗？想当初我们一起给东家放牛，有一次我们一起偷人家的豆子，在芦苇荡里用瓦罐子煮着吃，大家都饿慌了，还没等豆子煮熟就抢起来了，没想到罐子打破了，豆子撒了一地，汤也到处流，你只顾着抓地上的豆子吃，没注意连红草叶子也一起吃了，叶子噎得你哭也不是笑也不是，后来还是我想的好办法，让你把青菜叶子拍烂吞下去，才把红草叶子带了下去。”朱元璋见这个朋友竟当着文武百官的面说他的糗事，勃然大怒，未等对方说完就大喊：“来人呀，给我把这个疯子拖出去斩了，拖出去斩了！”这个朋友不但未求得一官半职，结果连命都搭进去了。另一个朋友吸取了这个“倒霉蛋”的教训，一天，他也去求见朱元璋，跪拜后他这样说道：“当年微臣随驾，打破瓦罐城，汤元帅在逃，拿住豆将军，红孩儿当关，多亏菜将军救驾。”朱元璋听后不但不生气，还十分高兴，认为这小子真会说话，既说出了过去的苦难和友情，又没有伤他的尊严，立即封了他一个官。这个故事真实性存疑，但说明了一个道理：同样一件事，说话不同产生的结果也迥然不同，可见说话的艺术是多么重要。

三、口语表达者的文化修养

口语表达的主体生活在一定的文化氛围之中，他们的言行受到文化传统的影响，口语表达的内容也必然是特定文化氛围内的相关知识。口语表达主体只有准确地理解这个文化特征并把握相关的文化知识、专业知识，才能顺利地进行口语交流。因此，口语表达主体必须拥有广博的文化知识和精深的专业知识。

（一）广博的文化知识

口语表达是一门综合性、应用性很强的艺术，涉及哲学、社会学、教育学、伦理学、美学、语言学、心理学、逻辑学等学科知识。口语表达主体只有博览群书，上知天文，下知地理，包括对古今中外的史料典故、名人逸事、风土人情和宗教信仰等都有所了解，才能在口语交流中得心应手，从容不迫。

（二）精深的专业知识

人类社会有各种各样的行业，每一个行业都有自己的专业知识。表达者处在哪个行业，从事什么工作，应当具备本行业、本工作的专业知识，如此才能在交谈中获得更多的尊重。专业知识的获得，一是依赖长期的工作实践，二是应不断地学习钻研。社会在发展，知识在更新，即使原来颇具专业知识，在新的形势下，也会产生许多的盲点。如果不认真学习，既不利于自己的工作，也不利于言语交际。

四、口语表达者的能力

口语表达者除了必备的理论、品德修养，还应具有合理的智能结构，这是提高主体口语表达水平的重要前提。

智能是智力和能力的全称，指人各种能力的有机结合，一般包括观察能力、感受能力、记忆能力、听解能力、思维能力、口语表达能力等。

（一）观察能力

观察能力是指人通过自己的视觉感官发现和把握事物特征的能力。观察是有目的、有选择地对客观事物进行认真、细致的察看，即用眼睛远“观”近“察”，直观地了解和认识事物的真实情况和本来面貌。

口头表达的主体应该具备敏锐的洞察力，能够发现和捕捉一般人容易忽视和难以察觉的细节。他们可以从不同之处找出相似之处，或者在相似之处找出不同之处，这样就能发现许多新的事物、新的景象和新的变化。将观察所得加以分析、整理，使之条理化、系统化，就是口语表达的上好材料。

（二）感受能力

感受能力是指人由于感官受到外界各种现象的刺激后所产生的一种与客体刺激相应的心理反应能力。感受能力离不开观察能力，它是建立在感觉和知觉基础之上的。但感受能力带有主观能动性，包括强烈的情感因素和一定的认识、理解因素。

人们对客观事物感受的过程，就是对客观事物不断了解、熟悉和深化认知的过程。主体要想提高自己的感受能力，不仅要加强自身感官敏锐性的训练，还要丰富自己的情感，不断提高自己情感的强度和层次，增强心灵对生活的感应能力，并在感受的独特性以及感受的深度、广度、灵敏度上有不懈的追求。如果主体对身边发生的一切态度冷漠，情感麻木，漠不关心，缺乏敏锐的感受力和丰富的情感，那么，口语表达就容易失败。

（三）记忆能力

记忆能力是指个体对经历的事、思考过的问题以及体验过的情感进行识记、保持与再现的能力。

主体不仅依靠记忆保持对过去的印象，积累和扩大生活经验，而且依靠记忆为口语表达提供丰富的材料，并通过历史材料与现实生活的对比，揭示出客观事物的发展趋势和所蕴含的意义，从而使主题得以强化和深化。

（四）听解能力

听解能力是指在言语交际活动中，表达者所展现出的倾听并理解听者反馈信息的一种能力。“倾听不仅可以准确理解对方的要求，而且可以在倾听中了解对方的性格、学识、能力、兴趣等等，以便自己能够对症下药。”[①]

听解的内容包括以下几种：

1. 识别语境

对方所说是在什么样的语言环境中产生的，要分辨清楚。同是一句话，环境不同，意义就会不同。倘若将本系指甲义的领会为乙义，就要出差错了。

2. 分清所指

口语不像书面语言那样，可以任凭听者去细细地分析对方所说究竟指的是什么，它一晃而过，稍纵即逝。因此，听时要分辨清楚。尤其是一些容易引起误会的概念，自己难以分清时，不妨反问一句，得到确认后再决定自己的行为，不可听半截话就盲目行动。

3. 琢磨深意

在言语交往中，有时对方所要表达的意思不是直截了当的，而是使用了诸如曲折、隐晦、暗示、双关、预伏、影射等手段，让你径直从其表面所言听来是这么一回事，可实际上是另一回事。这就需要琢磨一番，当理解了、拿准了，再作决断。

① 欧阳骁锋．高校即兴口语表达课程的教学改革[J]．西部素质教育，2019，5（22）：180，182.

4. 辨析歧义

口语交往是靠声音传递信息的。由于汉语中存在着非常普遍的同音多义现象，对方所发出的语音，可能是指这个意义，也可能是指那个意义，加上近音、谐音，就更容易产生歧义了，因此，在听解之时要加以辨别分析，弄清楚了再作应对，不要仅凭一时所听去揣测对方的意思。

5. 因情制宜

对方的思想、意图、要求，以及性格、兴趣、品行等，都可以通过其言辞进行辨别。自己要如何表达，得依据对方的这些情况而定。就算已经思考、拟就了表达的方向和内容，但如与对方反馈的情况不相符，也得改变、调整。

（五）思维能力

思维能力是指人脑反映客观事物并且能够进行信息加工的能力。钱学森在《关于思维科学》一书中指出："思维科学是研究人们有意识思维的规律的科学，可以称之为思维学。胡思乱想，不在思维学之内。又因为这种有意识的思维，除抽象（逻辑）思维之外，还有形象（直感）思维和灵感（顿悟）思维，所以思维学又可细分为抽象（逻辑）思维学、形象（直感）思维学和灵感（顿悟）思维学。"[①] 思维是一个复杂的心理过程，所进行的一系列心智操作包括分析与综合、比较与分类、抽象与具体、归纳与演绎、类比与推测等。

主体的口语表达是思维活动的成果，是思维的结晶，因而在其智能结构中，思维能力处于特别重要的地位。主体应具有上述各种类型的思维能力，尤其是具有形象思维、抽象思维和创造性思维的能力。而口语表达实践本身，又是培养主体的思维能力，尤其是创造性思维能力的重要途径。

（六）口语表达能力

口语表达能力是指运用口头语言反映社会生活、交流思想感情、传递各种信息的能力。口才即运用口语的才能，这是口语表达主体必须具备的一种特殊能力。它直接地反映了主体的才华、才智、才识、才气和才干。主体的心理素质、思想品德修养以及观察能力、感受能力、记忆能力、注意能力、思维能力、交际能力，最终都要落实到口语表达能力上。口语表达能力是主体的心理素质、基本修养、合理智能结构的具体体现和综合反映。离开了口语表达能力，其他

① 钱学森．关于思维科学 [M]. 上海：上海人民出版社，1986：16.

的一切就都成了空话。

主体要有较高的言语修养，能运用普通话说话，做到词汇丰富、表意准确、措辞得体、语法规范、条理分明、逻辑严谨、中心突出、富有情感，能熟练自如地运用叙述、描写、抒情、议论、说明、对话等各种表达技巧，以及比喻、借代、比拟、对偶、排比、映衬、象征、摹形、摹声、摹色等修辞方式，能恰到好处地运用副语言和态势语言，如此才能真正达到言语运用的正确性、规范性和纯洁性。

第二节　口语表达的道德伦理

一、避免使用侮辱性、歧视性等语言

避免个人情绪化、克制地表达自己的观点是即兴口语表达对表达者提出的语言要求。除了要避免个人情绪化，口语表达的道德伦理还要求表达者审慎地遣词造句，避免出现带有攻击性、侮辱性或歧视性的言论。

为了避免歧视性、侮辱性等语言的出现，口语表达者可以为自己列一个语言使用的“负面清单”，即应该避免使用哪些词语。

二、口语交际跨文化差异的深层探析

（一）风俗习惯的差异与冲突

风俗习惯多是受环境和历史的影响而形成的。“不同的国家、民族，生活于不同的自然环境，受不同文化的影响，因而具有不同的风俗习惯。”[①] 例如，旅游团在组织非洲游客外出活动、查点人数时，要切忌用手指点人数，因为根据他们的风俗习惯，被指的人会遭厄运、倒大霉。

在中国传统观念中，双数是吉祥的象征，因为它代表了和谐与平衡。当挑选婚嫁日期或其他聚会日期的时候，汉民族更倾向于选取“双日”，他们所期待的是“双喜盈门”。对于生活方式的描述，我们常使用“四平八稳”；对交通状况的描绘，往往以“四通八达”为标准；至于对美的评价，我们通常采用“十全十美”作为最高褒奖。

---

① 周瑞．中华传统文化融入播音主持专业教育的路径与方法 [J]．新闻世界，2020（9）：93-96.

在西方，拥抱亲吻是常见的礼仪方式；在中国，这是很亲密的举动，只有关系密切的人才会发生。中西方之所以会有显著的不同，是因为东西方拥有不同的文化背景和习俗。

风俗习惯属于风俗文化，是民族传统文化的一部分，是某个民族在长期的文化创造活动中总结出来的适合本民族生存的独特的文化体系。一种风俗文化对于一个民族来说是有价值的，而对另一个民族来说可能是没有价值的。因此，我们评定一个民族的风俗文化时，绝不能以自我为标准，而要以具体的民族、宗教、历史等文化背景为依据，从历史发展的角度来辩证地看待。

（二）隐私权概念的差异与冲突

隐私权的概念在全球范围内有着不同的理解和实践，这在很大程度上受到文化、法律体系和社会价值观的影响。例如，美国在个人信息及隐私权保护方面积累了丰富的立法经验和实践经验。美国《隐私法案》针对政府机构对个人信息的采集、使用、公开和保密问题作出了详细规定，体现了隐私权保护的立法规范。

中国人对隐私也非常关注，但出于对政府的信任，对个人信息的使用表现出较高的接受程度，尤其在公共事务方面。

（三）价值观念的差异与冲突

不同文化背景下的人们，往往有各自独特的价值观念体系。这种差异可能导致对同一现象或行为的不同解读和反应。例如，在中国，谦虚通常被视为一种美德，人们倾向于低调表达自己的能力和成就。这种文化倾向反映了一种深层的社会文化偏好，即在集体行动中保持谦逊和谨慎。而在西方文化中，自我推销被看作积极和必要的个人品质。这种差异可能导致跨文化交流中的误解和冲突。

（四）思维方式的差异与冲突

语言是思维的直接体现，它既是交际工具，又是思维工具。西方人的母语与中国人不同，因而他们的思维方式也与中国人不同，有时差别很大，有时恰恰相反。言辞反映了思想的核心部分，它不仅作为交流媒介，也是思考过程中的重要手段。中西方文化背景的差异，导致其语言和思维模式也有所区别。有时候这种差异非常明显，甚至完全相悖。例如，对于时间的理解，中国人习惯按照由大至小的次序，即先考虑年份、月份、日期，然后才是小时段，然而欧美人或非洲人更倾向于从小到大，先关注的是小时段、分钟、日期、月份，最后才提到年份。

同样地，在中国城市地址编码规则下，我们通常遵循“国家—省份—城市—街道/小区编号”的方式，而在外国则是反过来。人们的思考方式和言语表达之间有很强的关联性，不同的语言反映出不同的思考习惯。因此，对于那些使用非母语交流的人来说，他们也不可避免地要面临思考方式上的差异。

（五）语用迁移造成的影响

人类对于所遭遇的事物、现象及行动的评估与解读都是基于自身的文化背景。同样，在跨文化的交流过程中也是如此。导致沟通困难的原因在于忽视了语用学的转移。由于文化差异，语言使用准则也会有所变化。任何一方都不能以自己的方式去理解另一方，那样会导致跨文化沟通的失效。

三、注意说话场合和表达者的身份

对于专业从事新闻报道的出镜记者或是直播主持人来说，要十分注意说话的场合以及自我的专业身份。如果因为个人疏忽而出现现场播报失误，那么极易引发社会舆论的普遍关注，还有可能造成负面的社会影响。

除了在新闻节目中主持人和记者要注意身份外，在娱乐节目中主持人和嘉宾的口语表达也必须注意场合。

说话一定要分清场合，特别是当说话者以国家公职人员、公众人物等特殊身份发言时，务必要尊重自己的身份，不能任性地说出“雷语”。更为重要的是，作为公开场合发言人，必须提高自身的政治素养和道德素质，无论在何种场合都不能有侮辱国家和法律的言论。

参考文献

[1] 刘馨 . 播音主持语言表达艺术探索 [M]. 北京：现代出版社，2020.

[2] 刘宇，陈鑫 . 主持考级 [M]. 北京：中国戏剧出版社，2020.

[3] 郭锦霞，严玲 . 艺术类大学英语听说教程：提高版 [M]. 重庆：重庆大学出版社，2020.

[4] 姜林杉 . 口才与朗诵 [M]. 南京：河海大学出版社，2020.

[5] 魏雨彤 . 朗诵 [M]. 南京：江苏凤凰文艺出版社，2020.

[6] 曹培培，史惠斌 . 文艺演播作品选 [M]. 青岛：中国海洋大学出版社，2020.

[7] 蒋伟伟 . 口才考级辅导教程 [M]. 上海：华东师范大学出版社，2020.

[8] 魏雨彤 . 朗读 [M]. 南京：江苏凤凰文艺出版社，2020.

[9] 钟倩 . 融媒体时代口语表达艺术 [M]. 北京：新华出版社，2019.

[10] 张琦，贾毅 . 主持人即兴口语表达艺术 [M]. 北京：中国传媒大学出版社，2019.

[11] 方习文 . 语言交际艺术与应用写作 [M]. 合肥：黄山书社，2019.

[12] 周言 . 这样表达更高效 [M]. 北京：机械工业出版社，2019.

[13] 陈兴焱，周声，武超，等 . 普通话口语教程：第 2 版 [M]. 北京：清华大学出版社，2019.

[14] 王爱玲，花妮娜 . 高职应用语文素养：第 3 版 [M]. 北京：中国铁道出版社，2019.

[15] 姜燕 . 即兴口语 [M]. 北京：中国传媒大学出版社，2018.

[16] 姜岚 . 普通话与教师口语艺术：第 2 版 [M]. 北京：商务印书馆，2018.

[17] 陆平 . 于永正语文教学艺术研究 [M]. 福州：福建教育出版社，2018.

[18] 苏燕 . 沟通的艺术 [M]. 北京：中国商务出版社，2018.

[19] 杜晓红 . 艺术语言研究 [M]. 北京：中国广播影视出版社，2018.

[20] 杜晓红 . 播音主持艺术简明教程 [M]. 北京：中国传媒大学出版社，2018.

[21] 方智范 . 语文教育与文学素养：修订本 [M]. 广州：广东高等教育出版社，2018.
[22] 常江，杨奇光 . 口语表达基础 [M]. 北京：中国传媒大学出版社，2017.
[23] 鲁景超 . 播音主持艺术 [M]. 北京：中国传媒大学出版社，2017.
[24] 于舸 . 主持语言与艺术展望 [M]. 长春：吉林大学出版社，2017.
[25] 王涛 . 中国微镜头艺术篇 [M]. 北京：北京语言大学出版社，2017.
[26] 王坤，李晓燕 . 普通话与口才训练实用教程 [M]. 成都：西南交通大学出版社，2017.
[27] 薛亚青，解洪科，牛霞玲 . 电视新闻话语研究 [M]. 济南：山东人民出版社，2017.
[28] 冉静雅 . 创新金口才 [M]. 长春：北方妇女儿童出版社，2017.
[29] 莫彭龄 . 口语表达艺术 [M]. 南京：河海大学出版社，2005.
[30] 李国英 . 口语表达艺术 [M]. 沈阳：辽宁大学出版社，2005.